日本料理の〈現代〉味づくり教本

―だし・タレ・合わせ調味料の技術を修得する―

大田忠道　著
百万一心味　天地の会

はじめに

日本料理の味づくりは、食材の持ち味を引き出し、おいしさつくり出すことが基本です。そのために、だしと調味料を知り、使いこなすことが重要になってきます。

だしは、昆布とカツオ節の旨みを合わせた一番だしが基本ですが、他の魚介類、野菜や山菜を使っただし、さらに健康食材を使ったものなど、だしづくりの食材はいろいろあり、味わいは広がりを見せています。

調味料も塩や醤油をはじめとして種類は多い。しかも、それぞれの調味料の中に原材料の違いや製造法の違いがあり、生み出される味わいに変化があり、味づくりは多様化。さらに、従来の調味料に加え、洋食や中華の調味料のほか、新しい調味料が日本料理の世界に入るようになり、ますます味づくりは広がっています。

　グルメ志向が高まる中で、お客様もいろいろな味を知り、求める味も変化し、多様化しています。

　味づくりは、同じ料理でも店、地域、客層、時代によって違いがあります。これからの日本料理の調理はだしや調味料の基本をしっかりと理解した上で、時代の変化や嗜好の変化を取り入れ、個性のある評判を呼ぶ味づくり、お客様に喜ばれる味づくりをする必要があるのです。

大田忠道

日本料理の〈現代〉味づくり教本

目次

第4章 創作たれ・ソースの技術

本書をお読みになる前に

■材料の計量単位は、1カップ200㎖大さじ1は15㎖、小さじ1は5㎖です。

■材料の分量表記中で「適量」「適宜」とある場合、材料の状況や、好みに応じて、ほどよい分量をご用意ください。また、材料について、特に大きさの表示がないものは、普通の大きさのものをご用意ください。

■材料欄中、人数分の表記は、特に表記のない場合、基本的に「1人分」を表し、それ以上の場合は「2人分」「3人分」のように、それぞれの料理に応じた人数分を表記しています。

■本書で「だし」とある場合、原則として昆布とカツオ節で引いた一番だしをさします。その他のだしについても「だしの知識」の章を設け、それぞれのだしの特徴や引き方について説明していますので、参考にしていただければと思います。

■酒とみりんは、調理法によっては、適宜煮きってアルコール分をとばしてからご使用ください。

■「玉酒」は、水に1割程度の酒を加えたもので、魚介類の下ごしらえ等に使います。

■「たて塩」は、海水程度の塩水のこと。魚介類の下洗い、下味などに使います。

■魚のおろし方については、「おろし身」は、魚をおろした後、腹骨や小骨などを除いだものをいい、「上身(じょうみ)」は、おろし身の皮を引いたものをさしています。

本書は旭屋出版MOOK「だし・合わせ調味料便利帳」(平成14年刊)を大幅に改訂、新たに章を加え、取材撮影を行ない、再編集して改題、書籍化したものです。

第1章 味づくりの基本

塩の調理技術

「塩」の調理科学

臭み・アク抜き作用

魚介類や肉、野菜などを塩分濃度の高い塩水に浸けると、水分は、細胞膜を通って塩分濃度の低いところから高いところへと移動して均質化しようとする性質がある。したがってこの場合は、細胞内から水分が抜けようとし、濃い塩分が細胞内に入ろうとする。

この性質を利用することで、アクや臭みを抜くことができる。塩分が細胞に入って細菌の繁殖を防ぐ効果もある。

タンパク質にも作用する

次の塩の重要な働きは、タンパク質への働きかけである。

塩や塩水の濃さによって、魚や肉、小麦粉生地などのタンパク質はいろいろな変化が生じる。高い塩分濃度ではタンパク質を凝固させ、薄い濃度ではタンパク質を柔らかくする。

そのため調理法でも、薄い紙塩や振り塩、たて塩から、濃度の高い強塩(ごうじお)(べた塩)までいろいろな塩の当て方がある。それによってタンパク質が多様に変化するため、旨みや食感も大きく変わる。また魚のすり身や小麦粉生地に塩を加えるとタンパク質の粘度が増し、コシが出る。塩の濃度の調整が、おいしさを引き出す上で大変に重要になる。

この他にも塩には、リンゴなどを塩水に浸けるとビタミンCを保護し酸化を防いで、茶褐色化するのを抑えるとか、塩を加えた湯で茹でると野菜の緑色を保つなどの働きがある。

「塩」の種類と特徴

精製塩

精製塩は海水からイオン交換膜法によってつくられる純度の高い塩。塩味はとがっている。

自然塩(天然塩)

自然塩は、海水を天日干ししたり煮詰めたりして伝統的な手法でつくる海水塩や、長い年月をかけてできた岩塩などをいう。自然塩には海水のニガリ成分が数%含まれ、まろやかな味わいが特徴。海水を海藻と煮詰めてつくった藻塩などもある。

あら塩

あら塩とは自然塩の総称で語られる場合もあるが、正式な名称ではなく、人工的に製造された塩も含めて「ニガリ入りの大粒の塩」を指すことも多い。

合わせ塩

抹茶や梅パウダー、レモンパウダーなどを自然塩と混ぜると、色とりどりのつけ塩ができる。

●精製塩

●藻塩

●アンデスの塩（岩塩）

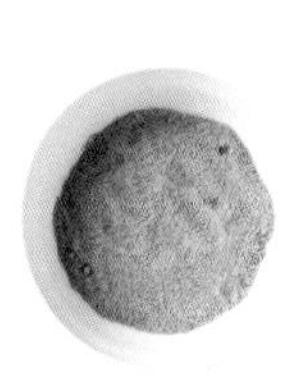
●抹茶塩

●カレー塩

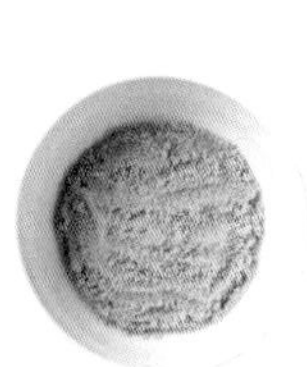
●梅塩

●レモン塩

「塩」の使い方

塩の当て方

紙塩

紙塩は薄く塩味をつける方法で、霧吹きで湿らせた和紙で魚介の両面を挟み、その和紙の両側から塩をふる。この時の塩の量は振り塩よりも少なめ。そのまま数時間置く。和紙を通してほんのりとした塩味をつける。淡白な白身魚や貝柱などに。

振り塩

振り塩は塩を30㎝ほどの高さから直接ふる。塩は満遍なくふる。魚介類に塩をふると身から水分が出るので、ザルなど水分を通すものに置く。青魚や大きめの魚は数時間置くが、小さな魚介は長時間置かない。

たて塩

3％程度の塩水に魚介類を浸け込むのがたて塩。海水に近い塩分濃度であり、魚介類や野菜の下処理などでも使う。

振り塩では塩味が強すぎる身の薄い魚や淡白な魚介類に。

強塩(ごうじお)(べた塩)

大量の塩を魚の両面に当てることを強塩(べた塩)という。サバなど脂の多い青魚を短時間にしめる場合の手法。強い塩分で魚の水分を臭みとともに浸出させ、同時に魚のタンパク質を凝固させて旨味を閉じ込める。

【振り塩】

振り塩は30㎝ほどの高さから魚介に満遍なくふる。

【強塩】

強塩は魚の両面にたっぷりの塩を当てる。

【たて塩】

3％程度の塩水に魚介を浸け、全体に浸透させる。

塩を使った調理法

塩焼き

焼き物の基本的な調理法で、魚などの材料に塩をふって焼くこと。塩をふることで内部の水分が表に引き出されることで生臭みも抜く。自然塩で焼くと塩の旨みもおいしさに。

塩蒸し

材料に塩をふったり、塩水に浸けたりして塩味をつけてから蒸す料理。淡白な味の白身魚や海老、貝類、鶏肉などに。

化粧塩

魚などを焼く際、塩の粒を残したまま仕上げて塩をふった見栄えのよさを魅力にすること。魚のヒレに厚く塩をつけて焼くと、型崩れしない。

塩磨き

塩を使い、材料をもんだりタワシで磨くなどして、アクを抜いたりぬめりを取ること。タコやアワビなどの大事な下処理。

アジ塩焼き

塩焼きのおいしさを楽しませる代表的な魚料理。化粧塩をすることで活きのよさも魅力に。

神戸牛変わり蒸し

お客の前で塩蒸しにし、神戸牛の持ち味・旨みをじっくり味わってもらう供し方を演出。

＊作り方は166頁

若鶏の岩塩焼き

塩焼きによる若鶏そのもののおいしさと、岩塩の塩味との調和も楽しませる一品。

＊作り方は166頁

酒の調理技術

「酒」の調理科学

日本酒を調味料としてみると、グルタミン酸などのアミノ酸やリンゴ酸、コハク酸などの有機酸が適度に含まれていて、バランスのよい旨みがあり、香りもある。一方で味に強い特徴がなく、多めに使用しても味の調和を崩すことはほとんどない。

アルコール分は約15%。

臭みを取り除く

酒を加えて食材を加熱すると、アルコール分は揮発するが、アルコール分は素材に浸み込みやすいのでまず食材に浸み込み、その後、揮発する。この時、魚などの臭みも一緒に抜く。

旨みやコクを加える

日本酒にはグルタミン酸などのアミノ酸やリンゴ酸、コハク酸、乳酸などの有機酸も含まれているため、味に奥行きが出る。

保水性で材料を柔らかく

アルコールの重要な働きの1つに、肉や魚介の細胞の保水性を高め、エキス分を逃がさないということがある。

だしに酒を加える、酒蒸しにする、調理前に酒入りの調味液に浸けるなどでアルコールを浸透させると、細胞が壊れるのを防ぎ保水性を高める。加熱してもエキスが浸み出さず、肉や魚介は柔らかさとおいしさを保つ。

他の調味料も浸透しやすく

アルコールが食材に浸み込む際に、一緒に味つけに使用した他の調味材料も食材に浸み込んでいきやすくなる。したがって他の調味料は心もち控えめでもよいとされている。

調理に使う「酒」の種類と役割

日本酒

日本酒は、うるち米を原料に麹で糖化させ、次に酵母でアルコール発酵させてつくられる。

調理に使うには精米比率の多くない純米酒か本醸造酒がよい。

赤酒

主に熊本県で作られている赤い色の酒。伝統的な醸造法で造られ、アルコールは12%程度。

日本酒より糖分が強いのでテリがよくなり、上品な甘味・旨みが出るといった利点がある。

ワイン・ウイスキー

白ワインは酸味成分によって魚介類の臭みを抑える。また酸味成分が塩味をまろやかにする。

赤ワインはタンニンが肉の臭みを抑えて香りづけをする。

ウイスキーやブランデーは独特の風味があり、例えばカレーの隠し味にウイスキーを少々加えると味と香りに奥行きが出る。

●日本酒

●料理酒

●赤酒

●白ワイン

●ウイスキー

「酒」の使い方

玉酒・酒洗い

玉酒とは日本酒と水を同割で合わせた液体のことで、魚介を調理する前に玉酒で洗って汚れや臭みを落としたり、玉酒に浸けて下味をつけたりする。

酒洗いは、クセのある魚や少し鮮度の落ちた魚を酒で洗うこと。アルコールの効果で臭みやクセをかなり減らせる。

煮きり酒

日本酒を鍋に入れ、火にかけてアルコールをとばし、10％ほど煮詰めたものを煮きり酒という。あまり火を通さない煮物や和え物、酢の物など、アルコールをとばす工程のない料理に煮きり酒を活用する。

【玉酒】

日本酒と水を合わせた玉酒で魚介を洗うなどに使用。

【煮きり酒】

加熱してアルコール分をとばした酒。和え物などに。

焼き物・煮物に

塩をふった魚や肉に、酒をかけながら焼くと酒の風味がほんのりとつき、魚や肉の臭みが抜けて塩味がまろやかになる。

魚介の煮物に酒を加えることで臭みが抜け、身が柔らかくなる。アルコールをとばすため早い段階で酒を入れるとよい。

また、煮魚のほかにじゃが芋や南瓜などの煮物でも酒を加えると煮崩れを防げる。

蒸し物に（酒蒸し）

魚介類などの蒸し料理で、塩をふり、酒をよくふって蒸すと、香りよく柔らかく仕上がる。アサリやハマグリは短時間の酒蒸しだが、アワビは数時間かけて酒蒸しすることで、柔らかく仕上がる。

鍋物に

鍋物に日本酒を加えることで、だしや調味料を材料に浸み込みやすくでき、旨みを逃がさないで仕上げることにもなる。

しかし、さらにたっぷりの日本酒を鍋物に活用することによって、日本酒の旨みを鍋料理に加えて、いっそうの味の奥行きを広げることもできる。

煎り酒（古式合わせ調味料）

醤油が普及する以前の室町時代末期に考案されたとされる、酒を使った伝統的合わせ調味料が煎り酒。刺身醤油に代わるもの。作り方の基本は、日本酒に梅干し、カツオ節などを入れて煮詰めてつくる。醤油ができる前の合わせ調味料なので、原則として醤油は加えない。

煎り酒

醤油ができる前に考案された煎り酒（写真右のつけダレ）。酒と梅干しなどを煮てつくる。

美酒鍋

酒をたっぷり投入しておいしさを楽しむ美酒鍋。酒の旨みが食材に浸透し格別の味わいに。

＊作り方は166頁

砂糖の調理技術

「砂糖」の調理科学

保水力がある

砂糖の分子は他の調味料と比べると大きく、水の分子ととてもよく結びつくため、水の中でよく溶け込む。言い方を換えると砂糖は保水力があり、食材の水分をよく吸収する。

みりんにも甘みがあるが、みりんのアルコール分は食材の繊維をしめるので、長く煮込むと食材が硬くなってしまう危険がある。その点、砂糖は水分を抱え込むのでよく煮ても食材の柔らかさを保ち、硬くなりにくい。

タンパク質凝固抑制作用も

砂糖にはタンパク質を加熱した際に固まるのを抑える働きもある。すき焼きなど牛肉を甘い味つけに仕上げる料理は、比較的牛肉が柔らかいまま煮上がる。これは砂糖の働きで、タンパク質の凝固抑制作用という。

香ばしい香りも

また砂糖は、煮物や焼き物に活用すればテリやつやをよくし、香ばしい香りを出す。焼き物の場合は、食材のタンパク質と砂糖が反応して焼き鶏やウナギなどにみられる独特の香ばしいにおいが出る。アミノカルボニル反応といわれる。

デンプンの老化を防ぐ

保水力が高いことにより、デンプンが老化する(硬くなる)のを防ぐ。すし飯や白玉などに砂糖が入ることで、硬くなるのを防いでいる。

メレンゲなど卵白を泡立てる際、砂糖を加えると砂糖が水分と結びつき泡が消えにくくなる。

「砂糖」の種類と特徴

上白糖

上品でクセのない甘さで一般的に使われるもの。原料はサトウキビやサトウダイコン。甘さが強くはっきりしている。冷たい液に直接入れても溶けやすい。

グラニュー糖

グラニュー糖は上白糖よりも上品で控えめ。うなぎのタレなどコクがあって粘度のあるものに適している。白ざらめも同様。

黒砂糖・三温糖・氷砂糖

黒砂糖はサトウキビの絞り汁を煮詰めてつくったもの。コクがありタレなどに合う。

三温糖は上白糖を分離して残った液を何度か煮詰めてカラメル色に仕上げたもの。穏やかな甘さだが、やや高価格。

氷砂糖は砂糖を大きな結晶にしたもの。梅酒など時間をかけて糖分濃度を上げ、果実エキスを徐々に引き出す際に使われる。

●上白糖

●白ざらめ

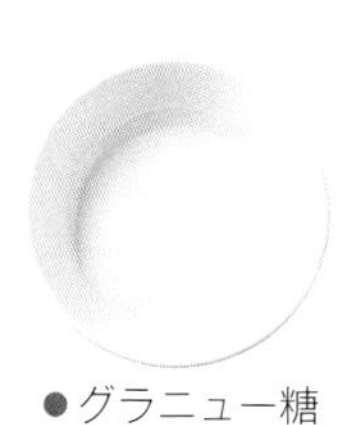
●グラニュー糖

●黒砂糖

●三温糖

●氷砂糖

「砂糖」の使い方

調味料の加える順番として「さしすせそ」といわれ、砂糖を最初の方で入れるのが基本とされるが、それは前述したように砂糖の分子が他の調味料よりも大きいため。加熱によって、食材の中に浸透するのに時間がかかるのである。

糖分濃度を考慮する

とはいえ煮豆や甘露煮などの場合は、最初に分量分の砂糖をまとめて入れてしまうと、煮汁の糖分濃度が高くなりすぎて、食材の水分が引き出されて硬くなってしまう。

【甘味を加える】

タイのアラの調理に砂糖を加え甘みとツヤを出す。

そこで、そのような場合は数回に分けて砂糖を加える。そうすれば糖分濃度がゆっくりと上がり、砂糖と食材の水分が十分に結びつくので食材の水分が引き出されることがなく、ふっくらと仕上がる。

焼くと食欲をそそる香りが

焼き鶏やウナギのタレにはみりんと同様に、砂糖を加えて加熱することで、甘みを加えるとともにタレにテリを出し、アミノカルボニル反応によって香ばしい香りも醸し出す。

肉・玉子を柔らかく仕上げる

砂糖のタンパク質凝固抑制作用は、加熱によって肉や卵などが固まるのを抑える性質であるが、このような砂糖の働きはさまざまなところで活用される。前述したすき焼きの他に、ビーフシチューなどで肉に少量の砂糖をよく揉み込んでから煮込むと、肉が硬くならずに煮上がる。

また同様の砂糖の働きによって、鶏のから揚げなどの下味用のつけ汁に少量の砂糖を加えておくと、から揚げが柔らかく仕上がる。

玉子焼きに砂糖を加えると、柔らかい口当たりに仕上がる。茶碗蒸しも砂糖を少量加えると、タンパク質の凝固を抑え、スが入りにくくなる。

黒砂糖でコクを

黒砂糖はコクがあるので、豚の角煮などの煮物に使うと独特のコクのある味に仕上がる。ただし黒砂糖は、糖分の純度を高めるために水に溶かして沸騰させ、アクを取ってから使う。

アナゴの照り焼き

〈タレのレシピ〉

（材料／割合）濃口醤油１、たまり醤油0.2、酒１、砂糖0.5。これらを合わせて火にかけ２割ほど煮詰める。

姫山菜ずし

〈すし飯のレシピ〉

（材料）米１升分のご飯、塩45ｇ、酢１カップ、砂糖100ｇ、5㎝角の爪昆布１枚。塩・酢・砂糖を合わせてから、昆布を加えてひと煮立ちさせ砂糖と塩を溶かす。冷ましてからご飯にかけて全体をなじませて冷ます。

焼き鶏

〈タレのレシピ〉

（材料／割合）酒５、濃口醤油３、たまり醤油１、ざらめ砂糖１。これらを合わせて弱火で２割ほど煮詰める。

みりんの調理技術

「みりん」の調理科学

みりんは、蒸したもち米と米麹、アルコールを一緒にして、糖化・熟成させてつくる。つまり、もち米を米麹で熟成させてデンプンを糖分に変えるが、アルコールを一緒に加えているので、酵素が糖分を消費してアルコール発酵をすることがない。そのため糖分が減らないまま熟成が進む。その間、もち米に含まれるタンパク質がアミノ酸などに分解され、旨み成分は増えていく。その結果、みりんはかなり甘みが強く、もち米由来のふくよかな旨みもある調味料となる。

アルコールは約14%で、糖分は45%程度と非常に高い。

テリ・つやがよくなる

醤油と砂糖を使ってもテリやつやを出すことは可能だが、それよりもみりんを使った方がかなりテリやつやがよく出る。

味が浸み込みやすい

アルコールの働きによって細胞の中に浸透しやすくなるので、他の調味成分も一緒に浸透しやすくなり全体に調味料や旨み成分が浸み込みやすくなる。

みりんのアルコールの揮発性により、魚介などの臭みを除去する効果もみられる。

煮崩れを防ぎ、旨みを保つ

みりんを加えて煮物をつくると、アルコール分と糖分が同時に働いて、細胞膜を保護し細胞が壊れるのを防ぐ。このことは、魚や芋類などを煮た時に、水分だけでなく、旨み成分を閉じ込め、煮崩れを防ぎ、おいしさを保つことにもなる。

「みりん」の種類

本みりん

本みりんは、蒸したもち米に米麹、アルコールを合わせ40～60日間糖化・熟成させてつくる。アルコール分は約14%で酒税の対象となる。この本来の手法で作られたみりんを、簡易に作られたみりん風調味料などと区別するため「本みりん」と呼ばれることも多い。日本料理で使われるみりんとは本みりんをいう。

製造過程で加えられるアルコールが、独特の芳香を持つ単式蒸留焼酎(乙類焼酎)か、ほとんど無味無臭の連続式蒸留焼酎(甲類焼酎)かで芳香が異なる。連続式蒸留焼酎の場合は、原料のもち米の風味や特徴が出やすいともいえる。

みりん風調味料

みりん風調味料はぶどう糖や水あめなどの糖類に米・米麹や香料、酸味料などをブレンドして、人工的にみりん風に仕上げたもの。アルコールは1%未満で酒税はかからず、価格は安い。

アルコールが含まれていないのでその効果はなく、日本料理などの本格的な調理には向かないが、家庭料理に使う場合には便利な面もある。

発酵調味料(みりんタイプ)

アルコール発酵させてみりん風に仕上げたもの。アルコール分が14%程度ある。しかし塩分を2%程度加えてあり(不可飲処置)、そのままでは飲めないので酒税はかかっていない。調理に使う場合は2%の塩分を考慮する必要がある。

●本みりん

「みりん」の使い方

みりんを使う場合、その働きを十分考慮して活用するようにしたい。みりんの特徴は、アルコールとともに上品な甘みがあること。酒と砂糖を合わせて使うよりも、みりんだけの方がテリ・つやよく仕上がり、まろやかで上品な甘みがしっかりと出る。

焼き鶏やウナギのタレにはみりんは効果的で、タレそのものにテリ・つやが出て、それをつけて焼くと焼き上がりにも十分にテリ・つやが出る。

臭みを抜き、煮崩れを防ぐ

みりんのアルコールの働きで、材料の細胞内までみりんの持つ甘みが浸み込みやすく、また他の調味料も一緒に浸透しやすい。同時に加熱によってアルコールは揮発するが、それにより食材の持つ臭みも抜く。

さらに、食材の中にアルコールと甘み成分や旨み成分が浸透することにより、食材の煮崩れを防ぎ、同時に食材の持つ旨み成分が外に出ていくのを防ぐ。

テリ・つやを出すポイント

煮汁の少ない照り焼きなどの場合は、最後の方でみりんを加えることがポイント。調理の最初の方でみりんを入れて長い時間煮ると、身が硬くなってしまうためである。

しかし、最後の方でみりんを加える場合でも、みりんのアルコールをしっかりとばし、テリ・つやを出す程度の加熱をする必要がある。

和え物などに煮きりみりんを

和え物や酢の物など加熱せずに仕上げる料理にみりんを使う場合は、アルコール分を煮きってから使う必要がある。

煮きりみりんをつくるには、みりんを鍋に入れ、加熱して1割ほど煮詰めるようにすれば、みりんのアルコールをとばすことができる。

酒・砂糖にみりんを補う

日本料理の場合、酒と砂糖でまろやかな甘さと旨みをつけることも多いが、そこにみりんを加えて、甘さやテリ・つやを補うことも少なくない。酒と砂糖ではテリ・つやが足りない場合に、みりんを追加して仕上げるのである。

ただし、料理の甘みや旨みのバランスは、よく味見をして経験的にみりんの分量を決める必要がある。

【タレにコクを加える】

煮物にみりんを加えるとつややテリをよくする、コクを出すなどの働きをする。

サバの味噌煮

サバをだし、酒、味噌、砂糖、濃口醤油で煮て最後にみりんを加えるとつやよく仕上がる。

大根もちの菊花あんかけ

鼈甲あんの材料はだし、濃口醤油、みりん、葛粉。みりんを加えることでつやのあるあんに。

油目の木の芽焼き

アイナメを焼きダレでかけ焼きしたもの。焼きダレは酒、みりん、濃口醤油などを煮詰めてつくる。テリ・つやのある焼き上がりになる。

醤油の調理技術

「醤油」の調理科学

醤油には、塩味、旨味、酸味、甘味、苦味という五原味の要素がすべて含まれ、複雑な味わいを呈する。

香りは数百種類も

醤油の香りは麹菌や酵母などの微生物の働きで生み出され、香りの種類は数百種にものぼるとされる。

さらに醤油の深みのある透明な色あいは、料理の見た目をぐんとおいしく感じさせる。

生臭みを消して さらにおいしく

刺身やすしに醤油をつけると生臭みを消したり和らげたりするだけでなく、新たな旨みを加えておいしく味わえるようになる。煮物でも同様の効果がある。

食欲をそそる 香りを出す

焼き鶏やウナギのタレを焼いた時においしそうな香りが立つ。これは醤油成分のアミノ酸や、砂糖などの糖分が焼かれてアミノカルボキシル反応が生じ、メラノイジンという香りのよい物質を出すためである。

だしとの相乗で旨み増

醤油に含まれるグルタミン酸と、カツオ節を煮出しただしに含まれるイノシン酸が組み合わさることで、単純に足した以上のおいしさが醸し出される。

日持ちをよくする

醤油でよく煮た佃煮や醤油漬けなどのように、醤油の塩分を十分に浸み込ませると腐敗が進むのを防ぎ、日持ちのする料理になる。

「醤油」の種類と特徴

濃口醤油

まろやかな旨み、爽やかな酸味、透明で濃いめの色あい、香りのよさが特徴。調理にも、食卓のかけ醤油やつけ醤油としても利用できる。

薄口醤油

見た目の色が濃口醤油より薄い。塩の量を多めにして発酵・熟成させ色を薄めに仕上げる。香りは濃口醤油より少ない。食材の色が出やすい。塩分が濃いめのため味つけには注意が必要。

たまり醤油

色も味も濃厚な醤油。刺身やすしのつけ醤油や照り焼きなどに。大豆が原料なのでタンパク質が多く、塩分は少なめ。

白醤油

原料は小麦で薄口醤油より色が薄い。醤油の色をつけずに仕上げたい煮物や椀物などに。塩分が強いので注意が必要。

●濃口醤油

●薄口醤油

●たまり醤油

●白醤油

「醤油」の使い方

醤油の持ち味を生かすかどうかは、使用するタイミングが大事になる。煮物には調理の初めの方で醤油を加えるが、長い時間加熱すると醤油の香りはとんでしまう。そのため、醤油の香りを生かす場合は仕上げに近い段階で使うことがポイントとなる。醤油で煮る場合でも、仕上げに再度少し加えると醤油の香りを生かすことができる。

ただし、醤油は使う量、種類によって、つねに塩辛さがどの程度に仕上がるか、十分に注意しながら調理する必要がある。

アイナメの若狭焼き

薄口醤油少量を加えた若狭地をかけ焼きして仕上げる若狭焼き。最初からかけ焼きすると焦げやすいので八部通り焼いた後かけ焼きに。

蛸の柔らか煮

タコの煮汁は濃い色が合うので濃口醤油とたまりを使い、落としぶたをしてじっくり煮る。

【香りづけに】

醤油には麹菌や酵母が生み出す複雑な香りがある。

【かけ焼き】

醤油ダレでかけ焼きすることで香ばしさが増す。

【漬け汁に】

マグロなどに漬け汁で醤油の旨みを浸み込ませる。

仕上がりの色合いを考慮する

次の注意点は、仕上げる料理に対して醤油の色をどの程度生かしたいか、である。醤油の濃い色にしたいか、素材の色を生かしたいかで、濃口醤油と薄口醤油の比率、またはだしとの割合などを検討する必要がある。

醤油の濃い色、テリ・つや、素材の仕上がりの色あいによって、使う醤油の種類、あるいはみりん、砂糖、だしなどの比率を検討していく。

八方地でも加える醤油を濃口にすれば濃口八方に、薄口にすれば薄口八方にできる。

このときもそれぞれ塩辛さが異なるので、十分に仕上がりの味を考慮しながら薄口や濃口のバランスを取る必要がある。

タコの柔らか煮などでは、濃口醤油にたまり醤油を少量加えることで、テリとコクのある味に仕上がる。

つけ焼き・かけ焼きを活用

食欲をそそる醤油の使い方につけ焼きやかけ焼きがある。加熱しながら醤油ダレなどでかけ焼きしたりつけ焼きしたりして調理する料理で、アミノカルボニル反応により香りよく仕上がる。焼き鳥やウナギ蒲焼きだけでなく、柚庵焼きや若狭焼きなどでもつけ焼きやかけ焼きをすることによって、味も香りもよく仕上げることができる。

漬けのポイント

マグロの漬け（づけ）などにも醤油が欠かせない。

一般的に、煮きり醤油とみりんを合わせた漬け汁にマグロを漬けて漬けにする。

味噌の調理技術

「味噌」の調理科学

味噌は日本においては歴史の古い調味料であり、全国的に種類も数多くある。味噌は種類ごとに独自の風味があり、味噌そのものの味わいが際立っている。そのため、味噌焼きや味噌鍋、味噌炒め、味噌漬けなど料理の特性となっているほどの調味料であり、他の調味料にはない存在感がある。

臭みを消す・保存性を高める

味噌の働きをみていくと、味つけや風味づけとともに、まず魚介類や肉類の生臭さや特有の臭いを消すという働きがある。これは大豆の主成分であるタンパク質が臭いを吸着するためである。

味噌に漬け込むことで、肉や魚の肉質を柔らかくする働きもある。

魚介や肉類を味噌漬けなどにすることで保存性も高まる。塩分により腐敗が進むのを防ぐためである。

また油を使う料理に味噌を加えると、油っこさを抑えられる。これは味噌が油を吸着することによる。

栄養バランスもよい

味噌の塩分濃度は田舎味噌など12%程度、赤味噌(豆味噌)や九州の麦味噌で10%程度、白味噌で6%前後である。主原料の大豆にはタンパク質が多く、これが酵素によって分解されアミノ酸となっている割合も多い。そのため消化もよい。カルシウムやミネラルも多く、栄養バランスもよい。

「味噌」の種類と特徴

米味噌

全国的に広くつくられているのは米味噌で、信州味噌や仙台味噌、西京味噌などがある。米味噌の色は白色から黄色、赤味の強い色まで多種多様。

白味噌の代表例は京都の西京味噌で甘みが強い。赤味噌は仙台味噌で塩辛味が強く、その中間が信州味噌。

麦味噌

麦味噌は九州・中国地方、四国地方で主につくられ、田舎味噌ともいわれる。北関東産大麦原料の赤味噌もある。麦味噌でも短期熟成の甘口系白味噌と長期熟成の辛口系の赤味噌がある。

豆味噌

豆味噌の代表例は八丁味噌で、愛知県や岐阜県美濃地方、三重県の一部で作られている。熟成期間が長く、赤味が濃いのが特徴で旨みも濃い。

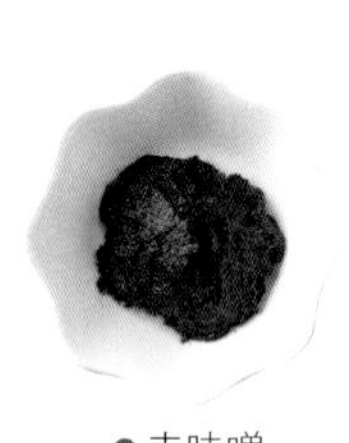
●赤味噌

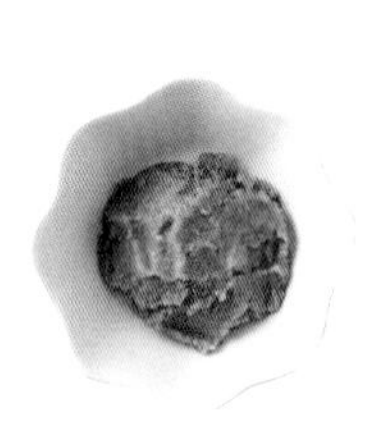
●こうじ味噌

●白味噌

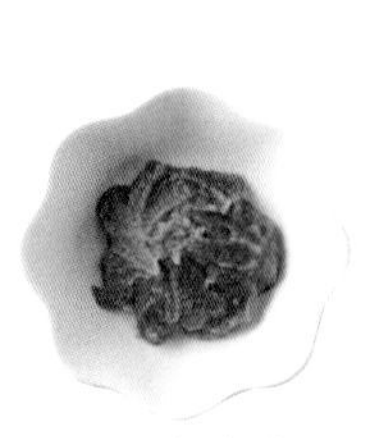
●田舎味噌

「味噌」の使い方

味噌漬けに

ブリやサワラ、マナガツオなどの魚は味噌漬けにしてもおいしい。味噌床は日本料理の場合、基本的には白味噌でつくる。上品で魚の色合いが生かせる。しかし白味噌ではなく、信州味噌や仙台味噌を使用しても独特の味わいにすることができる。

味噌漬けにする場合、味噌と魚を直接触れないようにガーゼを活用する。また味噌にみりんと酒を加えると魚身に味が浸み込みやすくなる。焼く際には味噌をよくふき取って、きれいな焼き目をつけることがポイント。

煮物などに

味噌は煮物や鍋物、炒め物などにもよく合う。ただしその場合は、長く加熱すると香りがとんでしまうのであまり長く加熱しないタイミングで加える必要がある。味噌汁でも最後に味噌を加えるのが基本である。

合わせ味噌に

合わせ味噌として多種多様に味や使い方を工夫できることも、味噌の大きな特徴である。木の芽味噌、玉味噌、柚子味噌など色合いや香りもさまざまにアレンジすることができる。小鉢や焼き物、和え物、創作刺身など、合わせ味噌の応用範囲は大変に広い。

基本の玉味噌、酢味噌を覚えておけば、いろいろとそこに別の調味材料を加えることで、オリジナルの合わせ味噌を考案することが可能である。

意外な料理の隠し味に

洋風ソースでもドレッシングでも、味噌は隠し味的な調味料としても使いやすい。これまで使われていない料理でも、ちょっと加えると、意外性のある独自の味を工夫しやすい。その場合も、味噌の種類がとても豊富なので多彩に工夫できる。

八丁味噌や白味噌、さらに地元の味噌など魅力のある、おいしい味噌もいろいろとあるので、それらの味と風味を生かした料理を開発すれば、独自の料理をつくることもできよう。とくに地産地消を意識した地元産の味噌を活用すれば、お客への効果的なアピールにもなるだろう。

【味噌の香りと旨みを移す】

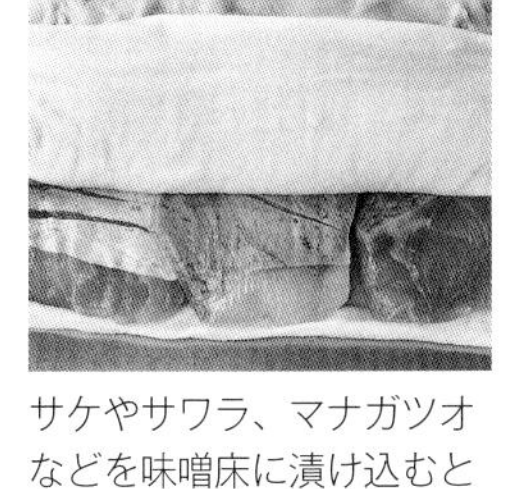

サケやサワラ、マナガツオなどを味噌床に漬け込むと味噌の香りと旨みが移る。

【合わせ味噌をつくる】

合わせ味噌の基本の玉味噌。白味噌、卵黄などを弱火でていねいに練ってつくる。

カキの土手鍋

鍋の縁に土手のように味噌をぬり、これを鍋地に溶かしながら食べる。寄せ鍋の地くらいの八方だしに赤味噌と白味噌を溶き混ぜる。縁にぬる味噌は裏漉ししなめらかにしたもの。

秋刀魚酢味噌がけ

玉味噌に酢を加えてのばし、酸味を効かせた酢味噌は脂ののったサンマなどにもよく合う。

＊作り方は166頁

酢の調理技術

「酢」の調理科学

酢は、日本料理において幅広く使われている調味料の1つであり、酸味や風味をつけるだけでなく、調理科学的な面でさまざまな働きがある。

殺菌作用

まず、殺菌作用がある。すし飯に酢を混ぜる例は代表的なもので、イワシやアジなど足の早い青魚や貝類を酢洗いすることや、酢じめにすることも、酢で腐敗を防ぐ技術である。

材料の色に作用

酢を加えた湯で蓮根やごぼうを茹でると褐変するのを防ぎ、白く仕上がる。

また甘酢漬けの生姜（ガリ）の場合、酢が色素に作用して赤色に発色させる。

タンパク質に作用

湯に酢を入れて落とし卵をすると卵がきれいに固まる。これはタンパク質凝固作用が働くためである。

逆に肉を酢に浸けると肉が柔らかくなる。これは肉を酸性の液に浸けることで、肉自体の分解酵素が活性化し、肉のタンパク質分子を細かく分解し柔らかくしていく。酢を含んだマリネ液に肉を浸けると柔らかくなるのも、同様の働きによる。

しかし魚の場合、酢に浸けるだけでは身に締まりがなくなることが多いので先に塩でしめてから酢じめにすると旨みが閉じ込められ、適度に柔らかくなる。このためとくに光り物の魚では塩でしめてから酢でしめることが一般的になっている。

「酢」の種類と特徴

酢には醸造酢、合成酢、果汁があり、醸造酢がよく使われる。

穀物酢

醸造酢は穀物酢と果実酢に分類される。穀物酢の材料は米、麦芽、ハト麦、玄米などで、これらのうち1種、または2種以上使用したもの。原料を何種類か使ったものは香りが強くなく、どの料理にも使いやすい。

米酢は穀物酢の1種。香りがあるので酢の物などに。黒酢も穀物酢（米酢）の1種。

果実酢

醸造酢のうち原材料として1種または2種以上の果実を使用したもの。りんご酢、ぶどう酢などがある。

ワインビネガーはぶどうを原料とした果実酢で香りがよい。バルサミコ酢もぶどうが原料で長期熟成したもの。香り・味わいとも濃厚だが高価。

●バルサミコ酢

●ワインビネガー

●果実酢

●黒酢

●穀物酢

●米酢

「酢」の使い方

下処理・保存に

酢を下処理の段階で使う方法として、酢に殺菌・防腐作用があるので、魚介類を酢洗いすることも多い。この場合、酢は水で薄めて使う。

アジやサバなどの青魚は、酢じめにすることで保存性が高まる。その場合は最初に塩をしてから酢でしめるのが一般的。

ピクルスなども酢漬けにして保存性を高めている。

加熱でとぶ酸味、残る酸味

酢に含まれる酸味には、加熱するととんでしまうものと、料理に残るものがある。一般的な穀物酢の酢酸は加熱するとほとんどとんでしまう。しかし、果実酢のクエン酸やリンゴ酸は、加熱しても酸味が残る。乳酸も加熱後に酸味が残る性質がある。酸味のある漬け物やキムチなどの酸味は乳酸発酵によるもの。これらを煮物や鍋物に使うと、酸味のあるものに仕上がる。

煮物料理に

骨つき肉を煮込む際に酢を加えると骨離れがよくなり、身も柔らかくなる。脂っこさを和らげる効果もある。じっくり煮込む場合は酢の香りがとぶので、香りのない穀物酢でもよい。米酢などの香りを生かしたい時は仕上がりに少量加えるとよい。

また蓮根やごぼうの色止めにも酢が使われる。

酢の物等の合わせ酢に

酢にいろいろな調味料や食材を混ぜ合わせた「合わせ酢」は、酢の物や和え物などに最適の調味材料・調味ダレになる。他の材料と合わせることで複雑で食欲をそそる合わせ酢にできる。合わせ酢は酢の香りを生かすことが大事なので、香りのよい米酢が基本。最近では日本料理でも、ワインビネガーやバルサミコ酢、中華風の黒酢を活用した合わせ酢もよく使われている。

基本の合わせ酢としては二杯酢、三杯酢がある。二杯酢は酢と醤油を合わせ、甘みはつけない。日本料理では薄口醤油とだしを使ってまろやかな味にする。

三杯酢は酢と醤油にみりんや砂糖で甘みをつける。日本料理では、だし、薄口醤油をほどよく合わせて旨みのある味にする。

三杯酢にカツオ節を加えた土佐酢も合わせ酢のベース材料としてよく使われる。

さらに黄身酢や酢味噌、ポン酢、八方酢、南蛮酢、マリネ酢などもよく使われる。

【酢の働きをいかす】

土佐酢と卵黄を合わせた黄身酢は白身魚やカニなど淡白な素材によく合う。

イカの三杯酢

合わせ酢の基本である三杯酢は酢と醤油にみりんや砂糖で甘みをつける。薄口醤油やみりんをバランスよく合わせて味を工夫する。

海鮮サラダ フレンチドレッシング

サラダのドレッシングは酢・油・塩などでつくるが、果実酢やオリーブ油、ヨーグルトなどの材料づかいでおいしく香り高いものに。

＊作り方は167頁

辛味の調理技術

「辛味調味料」の調理科学

通常基本的な味として甘味、酸味、塩味、苦味、旨味の五原味があり、これらは舌の味覚の細胞である味蕾（みらい）で感じる。これに対して辛味は、痛覚と温覚で感じるため、痛いとか熱いと感じることも多い。英語でもホットと表現される。激辛味の料理を食べると口中が痛いほどになり発汗してくるような体験は誰しも経験する。

適度な辛さであれば、食欲が刺激され、アルコールが進んだり、料理がさらにおいしく食べられたりする。

食欲を刺激し、消化を促進

夏バテしやすい時期などに辛味の効いた料理を食べると、胃液の分泌を促し、消化を助ける働きもある。

肉料理に塩・胡椒して辛味をつけたり、マスタードで辛味づけしたりすると、生臭みを消しておいしく味わえるが、同時にその辛味が胃液の分泌を促して肉のタンパク質の消化を助ける働きもする。

辛味には2種類ある

辛味は大別して2種類あり、1つはホットタイプ。これは唐辛子や胡椒、山椒の辛味。口に入れた瞬間には感じないが、後でヒリヒリと辛さを感じてそれが長く持続するタイプ。

もう1つはシャープタイプでわさびや和辛子のように、口に入れてすぐにツーンと辛味を感じるタイプ。口の中で辛味が消えるのは比較的早い。

「辛味調味料」の種類と特徴

タカの爪・山椒

タカの爪は唐辛子の1品種で辛味が強い。

山椒は辛味調味料としては実山椒を使う。粉山椒はウナギの蒲焼きに欠かせない薬味。

一味唐辛子・七味唐辛子

一味唐辛子は、唐辛子の実を乾燥させ、粉末にした調味料。七味唐辛子は、唐辛子、山椒、陳皮など7種の混合調味料。

わさび・和辛子

わさびも和辛子もツンとくる強い辛味が特徴。この辛味は、揮発性なので加熱したり放置すると辛味が減る。

柚子コショウ

おろした柚子と緑の唐辛子の混合調味料。大分など九州特産。

コチュジャン・豆板醤

コチュジャンは韓国料理の唐辛子味噌。豆板醤は中華料理の辛味調味料。

●タカの爪　●コチュジャン　●和辛子　●糸唐辛子　●わさび　●山椒　●一味唐辛子

「辛味調味料」の使い方

唐辛子は辛味が強いが、甘みもあり、辛味成分のカプサイシンは加熱してもそのまま料理に残る。

山椒の辛味はしびれるような辛味でこれも加熱しても残る。

大根やわさび、和辛子、ねぎ類、ニンニクなどの辛味は加熱するとほとんどなくなってしまう。なお大根やねぎ類の辛味成分は硫化化合物によるものであり、これらは加熱すると甘みに変わる性質がある。

油になじむ唐辛子の辛味

唐辛子の辛味成分であるカプサイシンは水にはなじまないが、脂によくなじむ性質がある。その性質を利用してつくられたのがラー油である。ごま油をよく熱し、そこにタカの爪などの辛味の強い唐辛子を加えてつくる。辛さも赤い色素もごま油に溶出して独特の辛味調味料となる。

日本料理でもこれを数滴効果的に使えば、料理の味をぐんと締めたり高めたりすることができよう。例えばごまダレにラー油を数滴加えれば、辛味の効いた個性的なごまダレになる。

また同様の発想で、マヨネーズに少量の豆板醤を加えるだけで、辛味が効いて色合いのきれいな洋風ダレができる。

焼き物などを辛味で魅力づけ

魚や肉の焼き物などに、辛味を効かせると酒の進む一品料理にできる。写真にある「合鴨ロースのマスタード焼き」は合鴨を辛味調味料の粒マスタードで辛味と風味をつけて仕上げたもの。粒マスタードの辛味感が視覚的にも食欲を刺激する。

合わせ調味料を辛味で工夫

合わせ調味料に辛味調味料を加えることで、比較的手軽に新しい味わいをつくり出すことができる。同時にもとの合わせ調味料の味を引き締めるなどの効果も得られる。

辛子酢味噌もそのような例の1つ。酢味噌は玉味噌に酢を加えてつくるが、その際に和辛子（練り辛子）を加えることで辛子酢味噌ができる。大根やこんにゃく、カブなどの食材には辛味の効いた辛子酢味噌がよくマッチする。

【辛味を加えて おいしい刺激をつくる】

味わい深いごまダレにラー油を数滴落としたピリ辛ダレ。辛味の刺激で食が進む。

合鴨ロースのマスタード焼き

たっぷりの粒マスタードを仕上げにぬって、適度の辛味を効かせ、肉のクセを和らげる。

＊作り方は167頁

海苔こんにゃくの辛子酢味噌

辛味の効いた酢味噌で山芋や刺身こんにゃく、エビなどをさっぱりと味わう。

＊作り方は167頁

第2章 だしの技術

◎だしの材料について

おいしいだしを引くためには、上質な材料が不可欠。そのためには、まず材料の選別を的確にすることと、用途に応じた使い分けをすることが必要。それぞれの材料の特徴を知り、持ち味を生かして活用することも大切。ここでは昆布とカツオ節をはじめ、主なだしの材料を紹介する。

昆布

日本料理では、カツオ節と昆布だしが基本的な材料。主な旨み成分は、グルタミン酸。料理のベースになることの多い「一番だし」は、昆布のグルタミン酸とカツオ節の旨み成分のイノシン酸を合わせることで生まれる、旨みの相乗効果を生かしたもの。

昆布の主産地は北海道で、産地ごとに品質や形状が特徴づけられるため、呼び名に産地名がつけられたものが多い。だしの材料に使われる主な昆布の種類は以下の通り。それぞれの昆布の特徴を知り、用途によって使い分けていきたい。

■羅臼昆布／羅臼産の上質の昆布。品質は真昆布に匹敵するといわれる。特有の風味と旨みのあるだしを引くことができるが、肉質が薄くて柔らかいので、だしに濁りがが出ることがあるため、引き上げるタイミングに注意が必要。

■利尻昆布／北海道の利尻島付近で採れる昆布。香りのよい澄んだだしがとれる。肉質がしっかりしており、おぼろ昆布などの加工品にも使う。

■真昆布／昆布の中でも最高級品といわれる。函館と中心とした、北海道南部が主産地。「松前昆布」ともいう。風味と旨みに優れ、上品なだしを引くことができる。だしの風味が際立つ椀物や吸い地用に使うとよい。

■日高昆布／「三石（みついし）昆布」ともいい、日高地方沿岸が主産地。煮昆布や家庭用のだし材料として幅広く使われることが多い。

■爪昆布／根昆布の先端部分で、濃厚なだしがとれる。形状が爪に似ていることからこの名がある。鶏ガラやすっぽんのだしに使うと味が深まる。

昆布でだしを引くときは、かたく絞ったぬれ布巾で表面をさっとふいてから使う。保管は密閉して湿気の少ない冷暗所で。

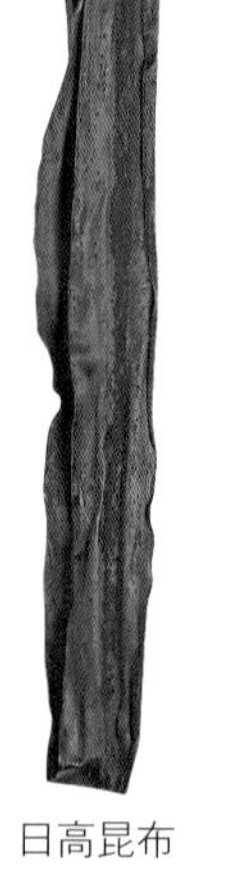

日高昆布

利尻昆布

羅臼昆布

真昆布

爪昆布

鰹節

カツオ節は、おろしたカツオを茹で、燻しながら乾燥させ、かびつけしたもの。おろし方や部位、製法で、様々な呼び名がある。製法でいうと、おろしたカツオを燻して乾燥させただけの「あら節」と、これをかびつけして天日乾燥させた「枯れ節」がある。また大型のカツオでつくったものを「本節」、小型のカツオでつくったものを「亀節」という。

最も上質とされるのは本節の本枯れ節で、料理屋では、この「削り節」を、だしの材料に使うことが多い。削り節には「血合い抜き」と「血合いつき」があり、椀物や吸地用には、渋みが少なく上品な味わいの「血合い抜き」を、味噌汁や味の濃い煮物などには、コクのある「血合いつき」をと、用途に応じて使い分けるとよい。いずれにせよカツオ節は香りが命。おいしいだしを引くためには、削り立てのカツオ節が理想。できるだけ新鮮なものを使う。

煮干

煮干しは、材料を煮て干した乾物のことをいい、一般的なものとしては、イワシ、イカナゴ、アジの稚魚を原料にしたものなどがある。選ぶ時は、よく乾燥して全体に光沢があり、「へ」の字に曲がり、頭がとれたり腹が崩れていない形のきれいなものがよい。

形が悪いものは、鮮魚の段階で質が落ちている可能性が高く、このような煮干しでだしを引くと、生臭みが出てしまう。煮干しは、時間が経つと脂肪分が酸化し、質が低下するので、多く買い置きはしないように心がけ、保存するときは、密閉容器に入れて湿気ないようにする。だしを引く前に、頭と内臓をきれいに取り除くと、濁りや苦みが出るのを防ぐことができる。

干し椎茸

乾燥した椎茸には、生椎茸にはない香りと味、栄養分があり、その戻し汁をだしに使う。干し椎茸は、肉厚で笠の開きが七、八分程度で表面に亀裂の入った「どんこ」、肉が薄く、笠が全開した「香信」などの種類がある。また国産か輸入ものか、原木育成か、おがくず育成などによっても質が異なる。質がよいとされるのは、国産の原木で育てたもの。保存は、密閉して冷暗所か冷蔵庫で。

その他の材料

ホタテや平貝の貝柱を乾燥させた干し貝柱や干しエビ、鶏ガラ、魚介のアラなど、様々な材料の旨み成分を引き出し、だしの材料として使うことができる。いずれにしても、用途に応じた材料の選び方や、だしを引く前の下処理が大切。

◎だしの種類と特徴

日本料理において「だし」は、料理の味わいの礎となる大切なもの。一般的に「だし」という場合、昆布とカツオ節からとったものをいうが、他にも幅広い素材が「だし」材に活用でき、用途に応じて使い分けることが大切。ここではよく使われる、昆布とカツオ節のだしをはじめ、様々なだしを紹介。

一番だし

カツオ節と昆布の旨み成分を短時間で引き出すもので、すっきりした香り、上品な旨み、透明感が身上。カツオ節の旨み成分であるイノシン酸と昆布のグルタミン酸が互いに引き立て合い、旨みに相乗効果が生まれる。だしの風味が際だつ椀物や吸地にはもちろん、煮物や蒸し物のかけ地、鍋物などに幅広く使う。

タイのアラだし

鮮度のよい魚介類を、水から煮出して素材の旨みを引き出す「潮だし」の代表格。タイの頭や中骨といったアラからは、コクのあるしっかりとした風味のだしがとれる。赤味噌仕立ての味噌汁など、力強い味わいのものに合う。タイの他、ヒラメや甘ダイ、スズキなどの白身魚のアラを使い、同様にだしを引くことができる。

二番だし

一番だしを引いた後の昆布とカツオ節に水を加え、新たにカツオ節を足して煮出した濃厚なだし。濃い味つけの煮物や味噌汁などに用いる。一番だしが短時間で素材の旨みを抽出するのに対して、二番だしはじっくりと時間をかけて煮出して旨みを引き出すのが特徴。煮物や材料の下煮などに使うと、味に深みが出る。

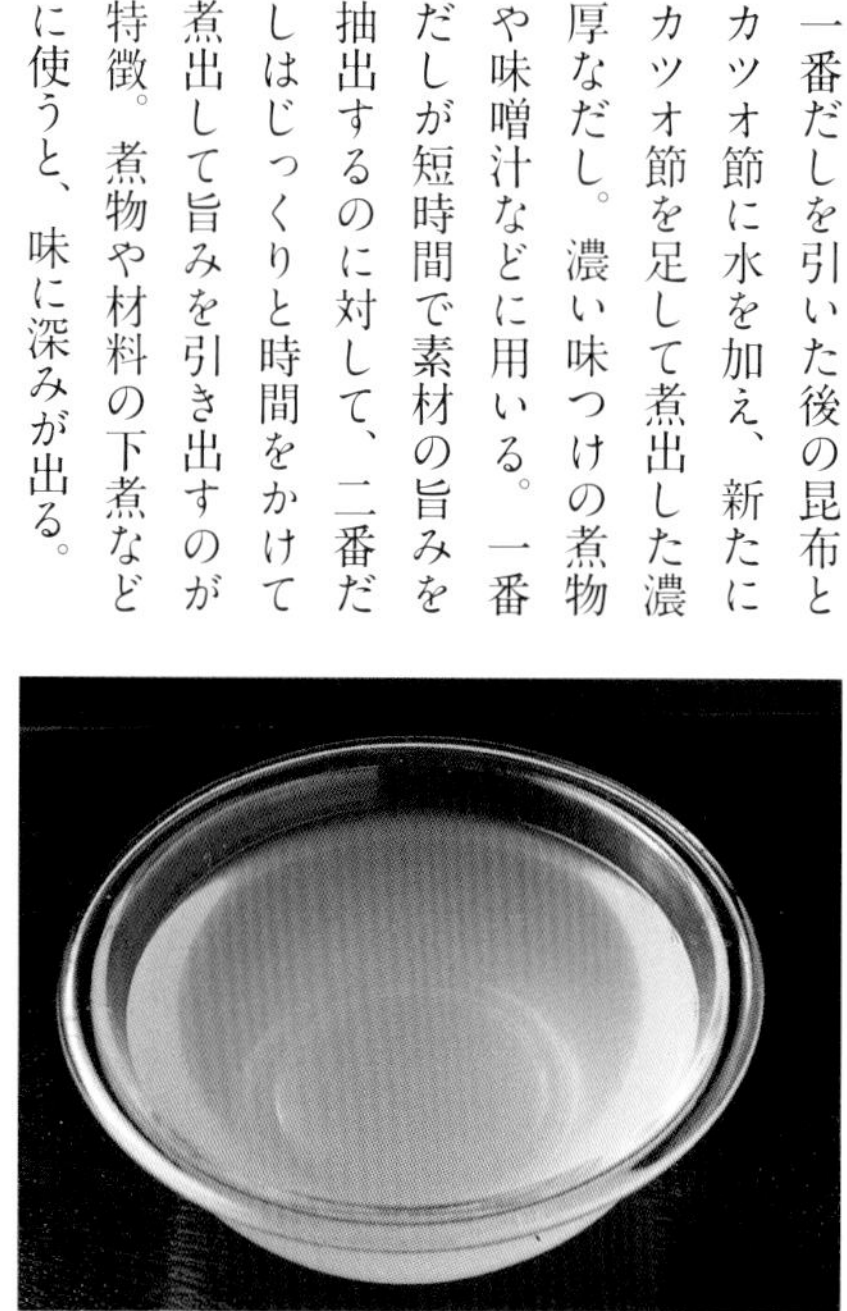

昆布だし

昆布の旨み成分を引き出した、さっぱりとした味わいのだし。主に野菜の煮物や魚介のちり鍋などの鍋地用のだし、精進料理の吸い物、梅仕立ての吸物のように素材の持ち味を生かしたい場合に使う。また昆布を水だしにした「昆布湯」は、白子やあん肝といった繊細な魚介類の持ち味をさらに生かす場合に使う。

鶏スープ

鶏ガラに水、昆布、香味野菜などを加えて煮出しただし。さっぱりとしながらも、動物性の素材がもつ特有の旨みと風味がある。このだしは、長時間加熱しても苦みやえぐみが出にくいので鍋地などにも使い勝手がよい。

ハマグリのだし

淡泊ながらもコクのあるハマグリの凝縮したおいしさを味わうだし。素材の持ち味をストレートに生かす「潮だし」の手法で旨みを引き出す。だしをとったハマグリは、ハマグリのだしと一緒に椀物にすることが多い。

煮干しのだし

旨み、コク、香りのバランスがとれた素朴な味わいのだしで、味噌汁や野菜の煮物、麺類のだし汁等に使うとよい。煮干しは、煮出しすぎるとアクが出て苦みが出るので、ごく弱火で温める程度にした方がよい。

干し椎茸のだし

乾燥した椎茸の旨み、香りを引き出しただし。精進料理のだしとして使われることが多い。色も香りも強いので、他のだしに加え、旨みと風味を補うことが多い。だしをとった後の椎茸は、含め煮や佃煮に使うとよい。

干しエビのだし

干しエビに昆布と水を加えて煮出し、風味を抽出する。干しエビの旨みがほどよく出た、さっぱりとした味わいが特徴。他のだしと一緒に使い、味と旨みを深める。カツオ節のだしと合わせると、旨みが引き立つ。

干し貝柱のだし

干し貝柱の力強いコクと旨みを引き出しただし。冬瓜や白菜などの淡泊な味わいの野菜の煮物、貝柱のしん薯などに用いると、料理の味わいにコクと深みが出て美味。干し貝柱の濃厚な旨み自体を主としたスープにも。

一番だしの引き方

カツオ節と昆布の旨みと風味を短時間で引き出した、品のよいだし。おいしい一番だしを引くためには、素材の選別、火加減、タイミングなどが大切。昆布は上品な風味の羅臼昆布を使い、カツオ節は血合い抜きを用いている。昆布は水から火にかけ、沸騰直前の旨みが最大限に出た瞬間に素早く引き上げ、火を止めてからカツオ節を加え、沈んでから漉す。この時、決して絞らず、だしが自然に落ちるのを待つことが、上品で澄んだだしを引くポイント。

材料

昆布	20g
カツオ節	30g
水	1ℓ

カツオ節

一番だしは、品よく仕上げたいので「血合い抜きのカツオ節」を使う。風味がとぶので、買いおきはしない。

昆布

品のよいだしが引ける羅臼昆布を使用。肉質が柔らかい分、にごりが出やすいので注意が必要。

一番だしを引く

昆布を水に2、3時間つけた後、中火にかける（1）。昆布の表面に小さ泡がつてきたら昆布を素早く引き上げ（2）、火を止める。ここにカツ節を加え入れる（3）。カツ節が沈んできたら丁寧にアクをすくいとる（4）。これをネル地で静かに漉す（5）。この時、決して絞ったりしないこと。臭みやえぐみが出たり、色が濁って風味が落ちてしまう（6）。

二番だしの引き方

一番だしを引いた後の昆布とカツオ節に追いガツオをし、じっくり煮出して旨みを引き出す。一番だしに比べて風味は劣るが、旨みが強いので、しっかりした味の煮物や味噌汁などに向く。カツオ節は血合いつきのものを使い、深みのある味に。

材料	
一番だしを引いた後の昆布とカツオ節	
カツオ節（追いガツオ用）	20g
水	1ℓ

二番だしを引く

1 一番だしを引きおわった昆布とカツオ節、水を入れて中火にかける。

2 2割程度煮詰めたら、追いガツオをして10分程煮て火を止める。

3 追いガツオが沈んできたら、アクをきれいに取り除く。

4 3をネル地で静かに漉し、最後にギュッと押さえて旨みを絞りとる。

潮だしの引き方

タイのアラの持つ、独特の旨みと塩気を生かしただし。アラから風味のよいだしを引き出すコツは、アラの下処理にある。アラに塩をしてから素焼きにするのがポイントで、生臭みがとれ、だしが風味よく仕上がる。タイの潮汁はもちろん、味噌汁、鍋地、魚介の釜飯などに使ってもよく合う。

材料

タイのアラ …… 1/2尾分
昆布 …… 20g
水 …… 2g

潮だしを引く

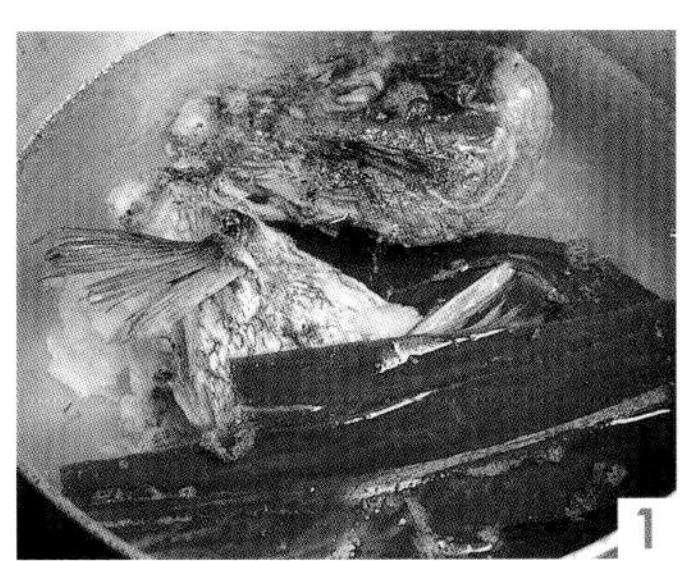

1

2

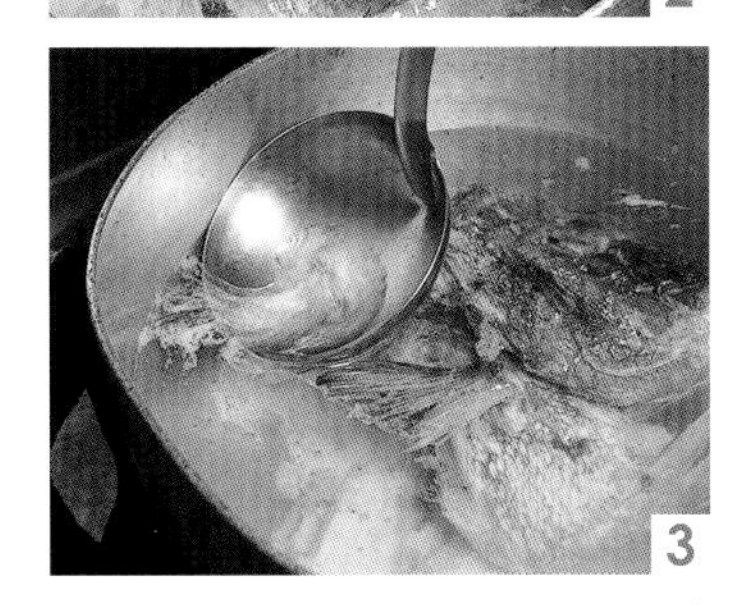

3

タイのアラは、塩をふって2時間くらいおき、塩を洗い流してから素焼きにする。タイのアラと昆布、酒、水を鍋に入れて火にかける（1）。沸騰する直前に昆布を取り出して（2）、火を止めてアクを丁寧に引いて（3）、ネル地で漉す。

ハマグリだしの引き方

ハマグリの旨みと塩気をうまく引き出すことが大切。ハマグリに昆布と水に酒を加えることで、風味と旨みをプラスするとともに臭みを消す。ハマグリのだしをとる時、ハマグリの口が開いてきたら、昆布とともに素早く取り出す。煮立てるとだしが濁ったり、身が固くなってしまうので注意。

材料

ハマグリ…5個（約300g）
水……500mℓ
酒……50mℓ
昆布……5㎝

ハマグリだしを引く

1 ハマグリは砂出しして きれいに水洗いし、水、昆布、酒を加えて火にかける。

2 ハマグリの口が開きかけてきたら引き上げのポイント。

3 まずさっと昆布を引き上げ、続いてハマグリも素早く取り出す。

4 上面のアクをきれいに取り除き火を止めて漉す。この後、塩で適宜味を調えて椀物の張り地として使う。

タイと伊勢エビのだしの引き方

伊勢エビの頭やタイのアラに、昆布と酒、水を加えて引く、贅沢な味わいのだし。伊勢エビとタイ、ふたつの素材を使うことでコクが増し、だしの味わいに深みが出る。海鮮や魚介を使った炊き込みご飯のベース、蒸し物のかけ汁などに使うと風味が豊かになる。

材料	
伊勢エビの頭	1尾分
タイのアラ	片尾分
水	4ℓ
昆布	80g
酒	2カップ

タイと伊勢エビのだしを引く

1

2

3

4

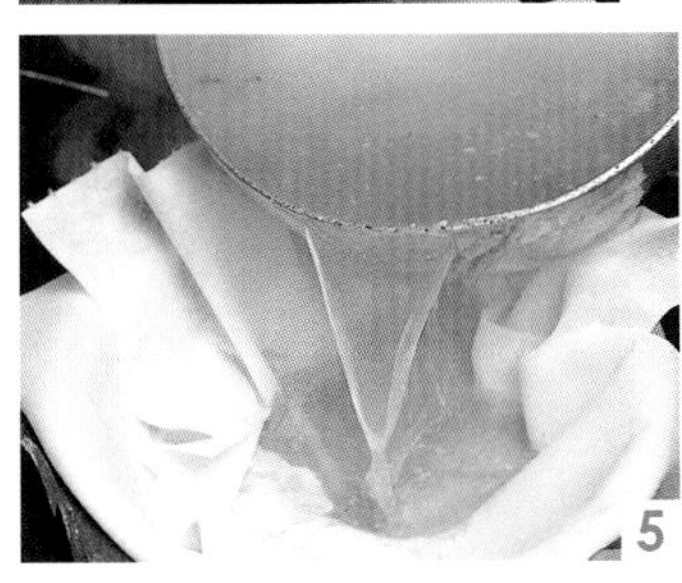
5

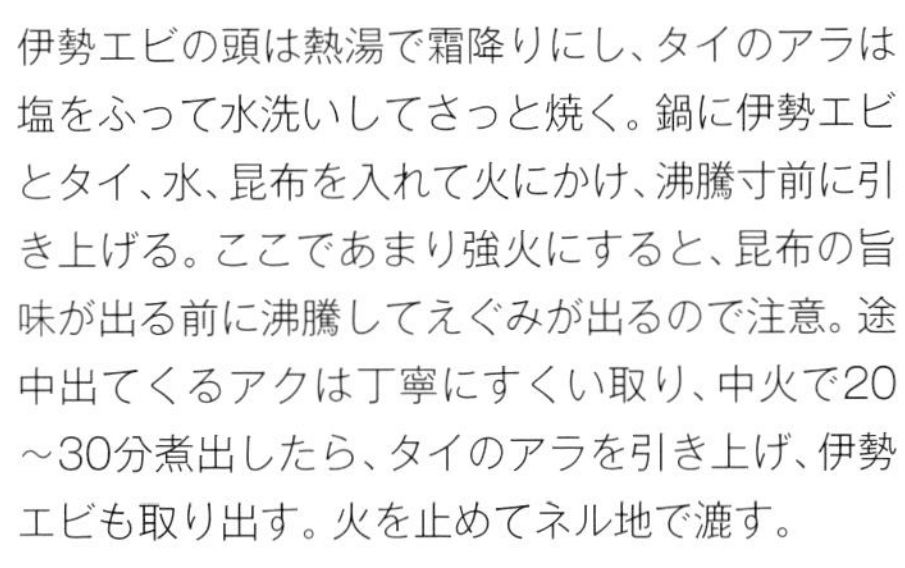
伊勢エビの頭は熱湯で霜降りにし、タイのアラは塩をふって水洗いしてさっと焼く。鍋に伊勢エビとタイ、水、昆布を入れて火にかけ、沸騰寸前に引き上げる。ここであまり強火にすると、昆布の旨味が出る前に沸騰してえぐみが出るので注意。途中出てくるアクは丁寧にすくい取り、中火で20～30分煮出したら、タイのアラを引き上げ、伊勢エビも取り出す。火を止めてネル地で漉す。

その他のだしの引き方

だしの種類をいろいろ紹介したが、だしは素材によって引き方は変わる。素材の持つ特有の旨みを上手に引き出すようにするのが、おいしいだしづくりのコツだ。

昆布だし

- 材料／昆布10㎝角　水１ℓ
- 作り方／昆布を水に20分ほどつけてから中火にかけ、表面に小さな泡がついてきたら、煮立つ寸前に取り出す。昆布湯は、昆布を水に一晩つけてとり出す。

煮干しのだし

- 材料／煮干し40g　昆布15g　酒50mℓ　水１ℓ
- 作り方／煮干しは、苦みが出ないよう、頭と腹わたをきれいに除く。煮干しに昆布と水を加えて一晩おき、これに酒を加えて弱火にかけ、煮たってきたら火を止めてアクをとり、布漉しする。めん類のつゆなどによい。

鶏スープ

- 材料／鶏ガラ１羽分（約500g）　昆布、生姜、長ねぎ、人参、玉ねぎ等の野菜　各適量　水３ℓ
- 作り方／鶏ガラはさっと熱湯に通して流水で洗い、臭みや余分な脂分を落とす。水、昆布、野菜類と一緒に火にかける。煮立ったらアクを除き、半量程度まで煮出し、ネル地で漉す。

干し椎茸のだし

●材料／干し椎茸15g　昆布15g　水１ℓ
●作り方／干し椎茸は、さっと拭いて汚れを除き、昆布と水を加えて一晩おく。これを漉して使う。急ぐ場合は、ぬるま湯につけるとよい。だしに使った後の干し椎茸は、含め煮や佃煮の材料として使うとよい。

干しエビのだし

●材料／干しエビ30g、昆布10g　水１ℓ
●作り方／干しエビは、さっと洗って汚れをとる。干しエビと昆布を水に一晩つけ、つけ汁ごと弱火にかける。干しエビが柔らかくなるまで煮出したら漉す。カツオだしとブレンドしてめん類のだし等に使うとよい。

干し貝柱のだし

●材料／干し貝柱25～30g　昆布10g　水１ℓ
●作り方／干し貝柱はほぐして昆布と一緒に水に一晩つけ、中火にかける。貝柱が柔らかくなったら火を止めて漉す。干し貝柱がかたくてほぐしにくい時は、熱した米のとぎ汁で戻して、熱湯に通すとよい。

◎だしが生きる汁もの

汁物は椀種や椀づまの美しさや味わいはもちろん、だしもおいしく仕立てるための大切な要素。だしは素材や季節に合わせて、種類や仕立てを調節する。

沢煮椀

いんげん、人参、うど、鶏肉、厚揚げなど、多彩な具が楽しい汁物。だしは酒、塩、薄口醤油で味を調え、薄く葛を引いてなめらかに仕立てる。生姜の絞り汁を加えると風味がよくなる。

鯛の吉野椀

淡泊な鯛を椀種にし、澄みきっただしで上品に仕上げた椀物。鯛はそぎ切りにして昆布〆したものに、葛粉をつけ、昆布だしでさっと茹でたもの。なめらかな口当たりが魅力。

鱧の葛叩き澄まし仕立て

葛を打ったハモを、ハモの骨や頭をじっくりと煮出した潮だしで仕立てた、贅沢な椀物。ハモの骨、頭は、たっぷりと塩をしてしばらくおき、塩を洗い流して香ばしく焼き目をつける。水、昆布、ハモの骨と頭からとっただしにちぎり梅を入れ、八方だしにつけた人参と三つ葉、松葉に切った青柚子を添える。

ハマグリのお椀

ハマグリを潮仕立てにした、春らしい椀物。ハマグリの殻が他の殻と対にならないことから、婚礼の折りの宴にも喜ばれる。殻つきのハマグリの身を椀種にし、塩で味を調えたハマグリのだしを注ぐ。じゅん菜、あやめうどを添え、木の芽を吸い口にする。

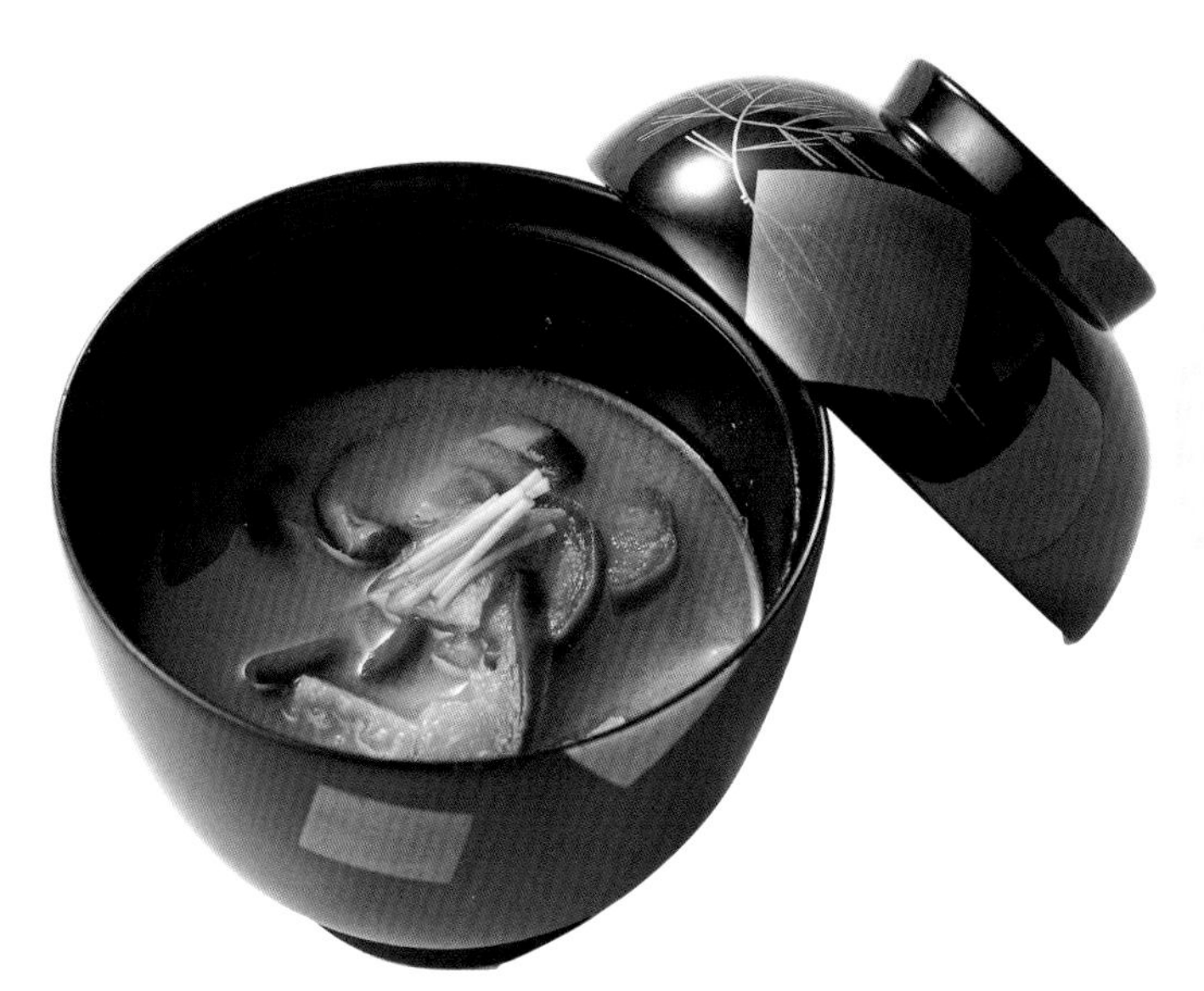

季節の野菜の合わせ味噌汁椀

季節の野菜を使った味噌汁。ここでは茄子、椎茸、ねぎ、油揚げ、三つ葉などの汁の実を、合わせ味噌(白味噌８、赤味噌２の割合)で仕立てる。味噌は材料や季節で割合を加減するようにする。

玉子豆腐としめじの白味噌仕立て

まったりとした味わいの白味噌仕立ては、寒い時季に喜ばれる。だしに白味噌を溶いて、薄口醤油で味を調え、玉子豆腐と八方だしで煮含めたしめじを加える。溶き辛子を添えて味のアクセントにする。

伊勢海老の赤だし

伊勢エビの頭をだしで煮出してつくる、贅沢でコクのある赤味噌仕立ての味噌汁。伊勢エビは霜降りにして煮出すと風味よく仕上がる。かもじねぎとみょうがを添え、粉山椒を吸い口にし、味を引きしめる。

創作ヘルシーだし

ヘルシー志向が高まる現在、ハーブや薬草をいかしたヘルシーだしも喜ばれる。地元で獲れる野菜や山菜、海藻などを活用した地産地消のだしともいえる。基本的な作り方は昆布とカツオ節から引いた一番だしに、ハーブや薬草などを加えて炊く。健康をテーマにした吸物だし、そばだし、すき焼きやしゃぶしゃぶのだしなどにすすめたい。

昆布とカツオ節で引いた一番だしに、ハーブや薬草を加え、2～3分炊く。

アシタバの小吸物 波の花仕立て

フルーツだし

乾燥させたミカンの皮やリンゴを加えた、爽やかな香りが特徴のだし。ミカンの皮は陳皮といわれ、漢方薬に使われる。香りがリラックス効果を発揮する。

茸（きのこ）だし

椎茸や舞茸等に含まれるカリウム、ビタミンD、葉酸が溶け込んだヘルシーだし。生活習慣病の予防効果も期待できる。茸の旨みがあり、すき焼きのだしにも合う。

ビワの葉だし

薬草として昔から使われているビワの葉。動脈硬化、高血圧の予防、疲労回復の効能がうたわれている。脂肪分の高いしゃぶしゃぶのだしなどに合う。

アシタバだし

青汁の材料としても使われるアシタバ。各種ビタミン、βカロテン、葉酸を含み、抗酸化作用やデトックス効果が期待される。漢方薬的なだしとして活用。

第3章 合わせ調味料の技術

煮物・蒸し物

煮物をおいしくつくるためには、まず、味のベースとなるだしをていねいに引くこと。さらに、季節の素材を選び、その素材の状態を見極めたうえで、副材料を取り合わせたり、煮方や煮地の調味料の配合を決めていく必要がある。こういった味づくりを手の内にするために、覚えておくと便利な合わせ調味料が八方だしである。さまざまな料理に応用できる八方だしのいろいろを紹介する。

◎八方だしの仕立て方

八方だしとは、だしを醤油とみりん、酒で調味した合わせ調味料のことで、さまざまな料理に、八方に使えることからこの名がある。煮物などでよく使われる割合はだし8〜14に対して醤油1、みりん0.8、酒0.2。この配合を参考に、材料や用途に合わせてだしの割合や調味料を加減して味をつくる。

濃口八方

濃口醤油を使う濃口八方だしは、醤油の風味と香りが利いた合わせ調味料で、だし8に濃口醤油1、みりん0.8、酒0.2の割合で合わせ、塩を少量加えてつくる。この割合で、少し濃いめの味に炊く煮物の煮汁やめんつゆなどに使える。この八方だしのだしの割合を6くらいにすると天つゆに、だしの割合をもっと少なく、だし4くらいで合わせると魚の煮つけ地、濃いめの味の野菜のひたし地などに使うことができる。反対に鍋地や炊き込みご飯にはだしを14くらいにして合わせていく。

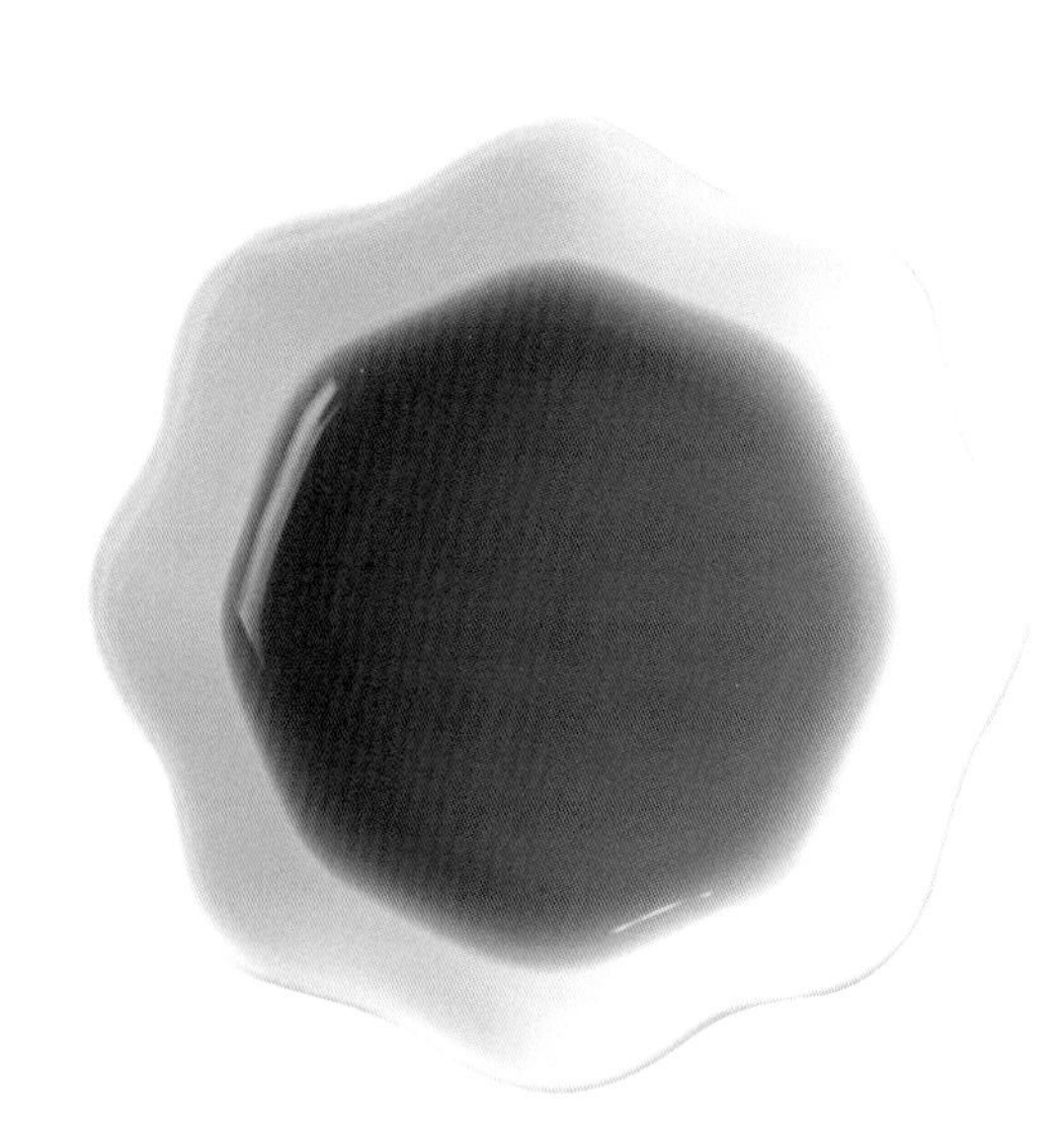

天つゆ

だし６、醤油１、みりん１の割合で合わせて天つゆに。色を薄くする場合は薄口と濃口を合わせて用いる。

サワラの煮つけ

だし４、醤油１、みりん１に酒２を加えるといろいろな魚の煮つけ地に。みりんは最後に加えて照りを出す。

だし８の割合で鍋に入れ、火にかける（1）。濃口醤油１、みりん0.8、酒0.2の割合で合わせ、塩を少量加える（2）。そのまま沸かし、上面のアクをきれいに取り除き、火を止める（3）。天つゆ、魚の煮つけ、野菜のひたし地、鍋地などに使う場合、だしの割合を変えてつくる。

薄口八方

薄口醤油を使った八方だしで、だしと調味料の合わせ方は濃口八方だしと同じ。いろいろな材料や用途に使えるが、特に素材の色合いや持ち味を生かして仕上げたい料理には、薄口八方を用いるとよい。材料の持ち味や鮮度によっては、甘みを加えた方がよいもの、酒を加えた方がよいものがある。その場合は適宜砂糖や酒を補い、味わいを高める。特に野菜のひたし物には、だし8カップに塩小さじ2、酒0.2カップ、薄口醤油大さじ1を加えた吸い地八方が向く。

だし8の割合で鍋に入れ、火にかける（1）。みりん0.8、酒0.2の割合で加える（2）。薄口醤油1の割合で合わせる（3）。そのままひと煮立ちさせ、上面のアクを取り除く（4）。材料の持ち味や鮮度によって、甘みや酒を加えてつくる。

◎八方だし

炊き込みご飯

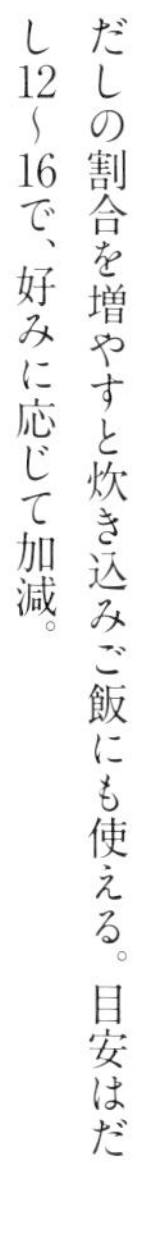

だしの割合を増やすと炊き込みご飯にも使える。目安はだし12～16で、好みに応じて加減。

あんかけそば

かけつゆではだし16、醤油1にみりん0.5で控えめにする。だしには煮干しだしが合う。

◎八方だし

白八方

だしに塩とみりん、酒で味をつけたもので、色をつけずに煮る小芋や蓮根の白煮、野菜の下煮などに用いる八方だし。基本の合わせ方はだし8カップに塩小さじ2、みりん0.8カップ、酒0.2カップ。

車海老と小芋の炊き合わせ

新小芋や新蓮根、新うどが出始める季節に白八方だしで白煮にする。

だし8の割合を鍋に入れて火をつけ、みりん0.8の割合を加える(1)。酒0.2を加える(2)。塩小さじ2を加える(3)。ひと煮立ちさせ、上面のアクを取り除き、火を止める。小芋のや蓮根などの白煮といった、色をつけずに仕上げる煮物に向く。

酒八方

酒を多めに合わせた八方だしで、特にさっぱりとした味に仕立てる魚介の煮物に使う。だし4に対して酒4、みりん1の割合で合わせ、塩と淡口または濃口の醤油を少し加えて味を調えてつくる。

車海老の芝煮

さっと煮上げる芝煮では、酒を加えた薄口八方または酒八方が煮汁に向く。

だし4の割合を鍋に入れて火にかける（1）。酒4の多めの割合を加える（2）。みりん1の割合を加える（3）。塩と薄口醤油または濃口醤油を少し加えて、味を整える（4）。さっぱりとした味わいに仕上げたい煮物に使うとよい。

魚介の煮物

魚介を煮ていくときに大切にされるのは、鮮度や脂ののり具合など、そのときの魚介の状態を見極め、それに見合った煮汁で煮ていくことである。格別に鮮度がよければ、だしを使わずに酒や水を調味した煮汁にし、そうでなければ、だしで旨みを補う。その配合も魚次第で微妙に変える。

煮つけ地の基本はだし４：醤油１：みりん１：酒２。魚介の種類や鮮度によって、酒を多くしたり、甘味を加えたり。

カレイの煮つけ

材料

カレイ…1尾
◎煮汁…2カップ
かぶ…1／6個
里芋…1／8個
青菜、金時人参、針生姜、木の芽…各少量

作り方

1 カレイは水洗いし、背と腹に切り目を入れる。かぶと里芋はそれぞれ下茹でして八方だしで下味をつける。

2 平鍋に薄板を敷いてカレイをのせ、煮地の材料を合わせたものを入れて中火で煮る。途中、2のかぶと里芋を加えてさっと煮上げる。

3 器に3を盛り、色出しした青菜と金時人参、針生姜、木の芽をあしらう。

煮汁

〈材料／割合〉

だし	6	濃口醤油	0.2
酒	2	薄口醤油	0.8
みりん	0.3		

※カレイやヒラメなどの煮つけには、薄口醤油を使ったあっさりとした煮汁が向き、砂糖は使わないようにする。

鯛の煮つけ

材料

タイ…80g
◎煮汁…適量
蓮根…10g
冬瓜…30g
針生姜…少量
木の芽…少量

作り方

1 タイは熱湯にさっと通して霜降りにする。
2 煮汁の材料を合わせて火にかけ、アルコール分を飛ばしたのち、タイの皮目を上にして置き、落としぶたをして中火で7〜8分煮る。途中、煮汁をまわしかけて照りよく煮上げる。
3 器に2のタイを盛って、白煮にした蓮根と含め煮した冬瓜を盛り添えて煮汁をかけ、針生姜と木の芽を添える。
＊蓮根の白煮は白八方だしで煮たもの、冬瓜の含め煮は下茹でしてから薄口八方だしに2度漬けて味を含ませたもの。
＊煮すぎてしまうと魚の旨みが逃げ、身がパサつくので、中火でさっと煮つける。

煮汁

〈材料／割合〉

酒	4
水	2
みりん	1
濃口醤油	1
砂糖	0.1

※活のものや鮮度のよいものは、酒と醤油だけで少し濃いめの煮汁に仕立ててさっと煮る。

サワラの煮つけ

材料

サワラ…50g
◎煮汁…2カップ
蓮根…適量
青ねぎ…少量

作り方

1 サワラは上身を用意して霜降りする。蓮根は水にさらす。

2 鍋に1のサワラと蓮根を入れ、煮汁の材料のだしと酒、砂糖で煮てから、濃口、たまり、みりんと順に加えて煮上げる。

3 器に2を盛り、笹切りにして水にさらした青ねぎを添える。

煮　汁

〈材料／割合〉

材料	割合
だし	4
酒	2
みりん	1
濃口醤油	1
たまり醤油	0.2
砂糖	0.3

※だし4：醤油1：みりん1：酒2の割合が煮つけの味つけのベース。鮮度がよければだしではなく水を使ってもよい。

鯛の子の含め煮

煮汁

〈材料／割合〉

だし	10
酒	2
みりん	0.8
薄口醤油	0.8
砂糖	1
塩	少量

※タイやタラの子は、やや甘めの味に仕立てて煮含める。

材料

タイの子…40g
◎煮汁…2カップ
針生姜…10g
筍(小)…1/2本
金時人参…少量
絹さや…2枚
木の芽…少量

作り方

1 タイの子は血抜きしたのち、薄皮に庖丁を入れて霜降りし、花を咲かせるようにしてから平ザルに上げる。

2 筍は水煮にしたものを用意し、食べよい大きさに切る。

3 金時人参は拍子木に切って茹でる。絹さやは下茹でしてから冷ました八方だしにつける。

4 鍋に煮汁の材料を合わせて1と2を入れ、針生姜を加えて弱めの中火で煮、味を含める。

5 器に盛り、3の金時人参と絹さやを添え、木の芽をあしらう。

車海老の芝煮

煮汁

〈材料／割合〉

だし	4
煮きり酒	2
薄口醤油	0.6
濃口醤油	0.2

※煮汁ごと食べていただく「芝煮」では、吸い地よりやや濃いめくらいの味に仕立てる。

材料

車エビ…2尾
◎煮汁…1カップ
生姜…少量
菜の花…適量

作り方

1 車エビは頭と尾を残して殻をむき、熱湯にさっと通して霜降りにする。

2 鍋に煮汁の材料とスライスした生姜を合わせて火にかける。煮立ったら、1の車エビを入れて火が通る程度にさっと煮て引き上げる。煮汁を冷ましてからこれをつけ込む。

3 器におひたしにした菜の花、車エビの芝煮を盛り、煮汁を張って仕上げる。

＊菜の花のおひたしは、菜の花をさっと塩茹でしてから、八方だしにつけたもの。

蛸の柔らか煮

材料／3人分

タコ…80g
蓮根…2切れ
茄子…1切れ
南瓜（木の葉剥き）…1切れ
人参（紅葉剥き）…1枚
絹さや…2枚
◎煮汁

作り方

1 タコを塩でもみ洗いし、足、頭をすべて切り分ける。
2 1を水洗いして塩を落とし、霜降りをする。
3 蓮根、南瓜、人参、絹さやを下茹でする。
4 煮汁に2のタコを入れ、落としブタをして弱火で45分〜1時間ほど炊き、3の野菜も入れて煮る。
5 4を器に盛りつける。

煮汁

〈材料／割合〉

だし	8
酒	2
砂糖	1
濃口醤油	0.8
たまり醤油	0.2
みりん	0.2

※ゆっくりと炊いていくのでだしを多めに。タコには濃い色の煮汁も向き、たまりを加える。

鯛のかぶと煮

材料

タイの頭…1/2尾分
◎煮汁…2カップ
蓮根…20g
針生姜…少量

作り方

1 タイの頭は霜降りをしてウロコや残った汚れを取り除く。
2 鍋に薄板を敷き、タイの頭を並べ、酒と砂糖を加えて落としぶたをして、目が白くなるまで強火で煮る。ここへ濃口醤油を加えて、水にさらした蓮根を入れてさらに煮る。
3 煮汁が煮詰まってきたら、たまり醤油とみりんを加えて煮汁を回しかけながら、つやよく煮上げる。
4 器に盛り、蓮根を盛り添え、針生姜を天に盛る。

煮　汁

〈材料／割合〉

材料	割合
酒	3
みりん	1
濃口醤油	0.5
たまり醤油	0.2
砂糖	0.5

※魚のアラなどは、旨みを存分に生かすためだしを用いない。最初に砂糖を入れて甘みをのせ、たまりとみりんは最後に加えてつやよく。

鮎の有馬煮

材料

アユ（小）…2尾

◎煮汁…適量

番茶…5g

実山椒、木の芽…各適量

作り方

1 アユは素焼きにしたものを用意し、大鍋の底に竹皮を敷き、丁寧にならべて落としぶたをする。重石をのせてから煮汁の材料の水と酢、ガーゼに包んだ番茶5gを加えて火にかける。

2 番茶の色が充分に出たら引き上げ、アユの骨がやわらかくなるまで煮ていく。

3 煮汁の量が1/3程度まで煮つまったら、酒とみりん、濃口醤油、たまり醤油、砂糖、山椒の実を加えてさらに煮つめる。

4 器に盛って木の芽を添える。

＊番茶を加えるのは、アユのクセを和らげるためと身をやわらかくするため。

＊イワシやサンマにも応用できる。

煮汁

〈材料／分量〉

水……10カップ

酢……適量

酒、みりん……各1/2カップ

濃口醤油……1/4カップ

たまり醤油……大さじ1

砂糖……大さじ4

※甘露煮のように骨までやわらかくするには、酢が有効で、川魚の臭みを消す役割もする。

鯖の味噌煮

材料
サバ…1/2尾
小松菜…50g
里芋…1個
京ねぎ…10g
木の芽…1枚
◎煮汁

作り方
1 サバは軽く霜降りし、氷水に取って水気をふく。
2 里芋は串が通るまで湯がく。小松菜は下茹でしておく。
3 鍋にだし、酒、砂糖、みりんを入れて沸騰させ、1のサバを入れる。
4 アクを取り除き、味噌、濃口醤油を加え、ゆっくりと煮詰める。途中、里芋を加えて煮る。
5 器に4のサバと里芋、小松菜を盛りつけ、せん切りした京ねぎと木の芽をあしらう。

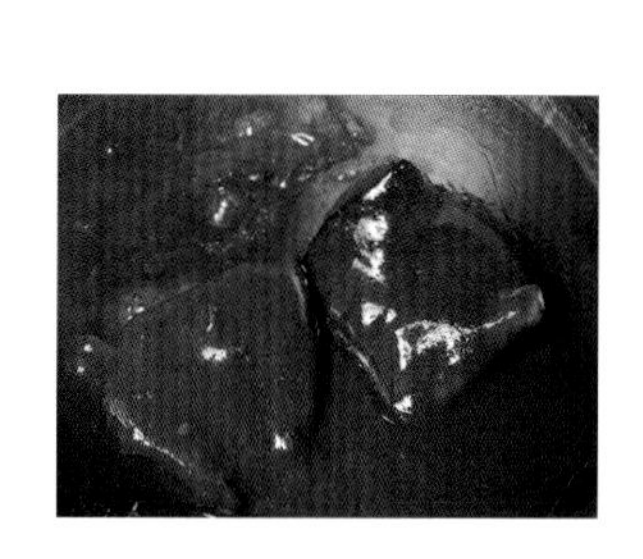

煮汁

〈材料／分量〉

材料	分量
だし	5カップ
酒	約130mℓ
味噌	150g
砂糖	適量
濃口醤油	大さじ1/2
みりん	大さじ1/2

※だしと酒、味噌で煮てから他の調味料を加えると仕上がりがつややかに。味噌は2～3種類合わせるとより風味よく仕上がる。

野菜の煮物では、白煮や翡翠煮などのように色合いにもポイントをおき、持ち味を活かすことが多い。数種の野菜の煮物を盛り合わせる「炊き合わせ」では、交互に味わって引き立て合う材料を揃えるとよく、味の濃淡、口当たりの変化、さらには彩りや香りのバランスなども考慮に入れると魅力が高まる。

人参の八方煮

- 煮汁／だし 16 に対してみりん 1　薄口醤油 0.8　塩少量で合わせた八方だしを用いる
- 作り方／人参は皮をむき、特有の臭みを抜くため、牛乳、または米のとぎ汁で下茹でしてから含め煮にする。

くわいの甘煮

- 煮汁／だし 1 カップ　砂糖大さじ 3　塩小さじ 1/3　濃口醤油小さじ 1/2　みりん大さじ 1
- 作り方／下茹でしてアクを抜いたくわいを煮汁でゆっくり含め煮にする。

干し椎茸の含め煮

- 煮汁／だし 10 に対して煮きり酒 1　煮きりみりん 1　濃口醤油 1 の割合で合わせた濃口八方だし
- 作り方／干し椎茸はひと晩水に漬けて戻し、濃口八方だしでじっくりと含め煮にする。

生麩の含め煮

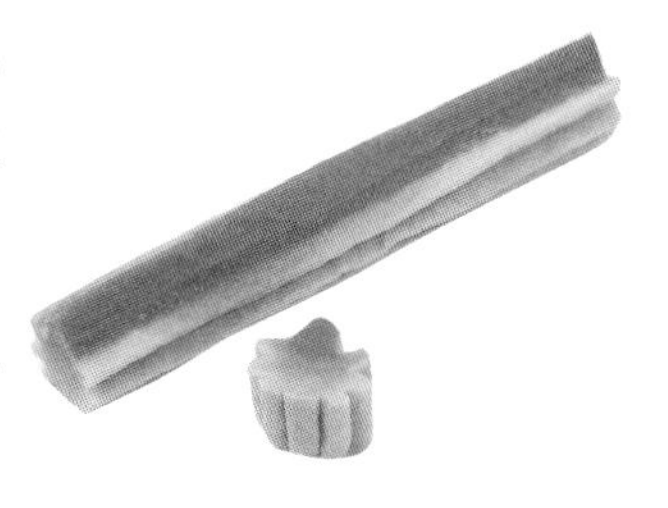

- 煮汁／だし 8 カップに酒 40㎖　みりん 160cc　塩小さじ 2 で調味したもの
- 作り方／紅葉や竹を写し取った細工麩では、その色を生かすよう白八方だしを用いてさっと煮るとよい。

高野豆腐の含め煮

- 煮汁／だし 5 カップに酒 1/2 カップ　薄口醤油 30㎖　砂糖 35 g　塩小さじ 1 を加えて調味したもの
- 作り方／高野豆腐は湯に漬けて戻し、何度も洗ってからたっぷりの煮汁で含め煮にする。

筍の八方煮

- 煮汁／だし 12 に対して酒 1　みりん 0.5　薄口醤油 0.5　塩少量の割合で合わせたもの
- 作り方／筍は米ぬかと赤唐辛子を加えて茹で、そのまま湯止めにしてアクを抜く。これをたっぷりの煮地で煮る。

茄子のひすい煮

- ひたし地／だし 1 カップ　みりん小さじ 1　薄口醤油・塩各小さじ 1/2
- 作り方／ミョウバンを入れた塩水に 30 分ほど漬け、この漬け汁にわさびを加えて茄子を茹で、水にさらしてからひたし地に漬ける。

車海老と小芋、蓮根の炊き合わせ

材料／5人分

車エビ…5尾
◎酒八方だし…2カップ
小芋…2〜3個
◎白八方だし…2カップ
蓮根…25g
※薄口八方だし…1カップ
オクラ…5本
◎吸い地八方だし…1カップ
木の芽…少量

作り方

1 車エビは背わたを取り、塩を少量加えた熱湯で霜降りしてから殻をむく。これを酒八方だしに入れ、ひと煮立ちしたら火をとめ、そのままおいて味を含ませる。

2 小芋は上下を切り落として六方に皮をむき、米のとぎ汁で下茹でしてから水にさらし、白八方だしで煮含める。

3 蓮根は皮をむいて花蓮根にし、米のとぎ汁で下茹でしてから、薄口八方だしで煮含める。

4 オクラは塩をして板ずりし、両端を切り落として熱湯で色よく茹でる。これを吸い地八方だしにつけておく。

5 それぞれ別々に煮含めた1～4を器に盛り、小芋の煮汁を少量張り、木の芽を天盛りにする。

だし8～12：みりん1：薄口醤油1で合わせた薄口八方だしは野菜の煮物に最適。

煮汁

- 海老の芝煮……………酒八方だし
（だし4：酒4：みりん1：塩、薄口醤油少量の割合で合わせたもの）

- 小芋の白煮……………白八方だし
（だし8：酒0.2：みりん0.8：塩少量の割合で合わせたもの）

- 蓮根の八方煮……………薄口八方だし
（だし10：酒1：みりん0.25：薄口醤油0.5：塩少量の割合で合わせたもの）

- オクラのおひたし……吸い地八方だし
（だし4カップ：塩小さじ0.8：酒小さじ1：薄口醤油小さじ0.5）

茄子の田舎煮

材料／3人分

茄子…2本
◎煮汁…4カップ
身欠きニシン…2本
厚揚げ…1 1/2枚
しし唐辛子…3本
おろし生姜…少量

作り方

1 茄子はへたをとって斜めに包丁目を入れ、素揚げにし、熱湯をかけて油抜きする。
2 厚揚げは三角形に切り、熱湯をかけて油抜きする。
3 鍋に1と2、煮汁の材料を合わせて吹にかけ、煮立ってきたら弱火にして味を煮含める。
4 身欠きニシンは米のとぎ汁にひと晩漬けて戻し、2～3度茹でては水にさらしてやわらかく戻したものを用意する。これを3に加えて味を含ませる。
5 器に3と4を盛り、素揚げにしたしし唐辛子をのせ、おろし生姜を添える。

煮汁

〈材料／割合〉

だし	6
みりん	1
濃口醤油	1
砂糖	0.2
酒	2

※天つゆ系の煮汁。少し砂糖を加えて甘めに。厚揚げや身欠きニシンなど、個性的な材料にもよく合う。

だし6：みりん1：醤油1で合わせた煮汁は、惣菜的な親しみのある煮物に向く。

南瓜の鶏そぼろあんかけ

材料／2人分

南瓜…300g
◎煮汁…7カップ
鶏挽き肉…50g
酒…1カップ
塩…小さじ1/2
水溶き葛粉…適量
白髪ねぎ…少量

作り方

1 南瓜は角切りにして面取りをし、下茹でしておく。
2 鶏挽き肉は酒と塩を加えて鍋で煎り、ザルに上げて、冷ましておく。
3 濃口八方だしの材料と砂糖を鍋に合わせて1の南瓜を入れて、弱めの中火でゆっくりと煮含める。味が含まったら、2を加えてなじませる。
4 南瓜を取り出して器に盛り、煮地に水溶きの葛を加えてとろみをつけたものをかけ、白髪ねぎをのせる。

煮汁

〈材料／割合〉

だし	12
みりん	1
濃口醤油	1
砂糖	0.4
塩	少量

※濃口八方だしに砂糖をやや多めに加えたもの。南瓜の甘みを引き立てるとともに、鶏のそぼろとの相性もいい。

新生姜の有馬煮

材料

新生姜…50g
◎煮汁…適量
実山椒(水煮)…5g

作り方

1 新生姜は厚めにスライスして米のとぎ汁でさっと茹で、水にさらしてから水気を絞る。
2 煮汁の材料を合わせた鍋に入れ、ゆっくりと煮つめて、上がり際に山椒の実を加える。

煮汁

〈材料／分量〉

酒	2カップ
濃口醤油	1/4カップ
たまり醤油	大さじ1/2
砂糖	50g

※佃煮のように調味料を煮つめていく料理では、濃い色の方がおいしく見える。ここでは、濃口とたまりで色と風味を補う。

肉の煮物

牛肉や豚肉など肉を使った料理には、魚介や野菜とはまた違ったおいしさがある。肉汁の旨さが煮汁に溶け出し、一緒に炊く野菜にそれを移していく煮込み料理では、そのおいしさを存分に味わってもらえる。さらに、だしや調味料にひと工夫すれば、新趣向の煮物を作り出すことができる。

牛タンと野菜の変わり煮込み

材料

牛タン…50g
玉ねぎ…30g
人参…20g
じゃが芋…30g
◎煮汁…2カップ
クレソン…適量

作り方

1 牛タンは皮をむいて掃除したものを5時間ほど茹でたものを用意し、食べよい大きさの角切りにする。

2 野菜はそれぞれ皮をむいて乱切りにし、さっと茹でておく。

3 鍋に煮汁の材料を合わせ、1の牛タンと2の野菜を入れて弱めの中火でじっくりと煮含める。

4 器に牛タンと野菜を盛り、煮地を張ってクレソンをあしらう。

豚の角煮

材料／3人分

豚三枚肉…150g
◎豚肉の煮汁…適量
小芋…3個
濃口八方だし…適量
冬瓜…30g
薄口八方だし…適量
水溶き葛粉…少量
溶き辛子…適量

作り方

1 豚肉は5cm角くらいに切り、油をひいたフライパンで全体に焦げ目をつけ、熱湯をかけて油抜きをする。

2 1の豚肉を米ぬかを入れた熱湯で3時間ほど茹でたのち、水洗いしてぬかを洗い流し、再度30分ほど茹でる。

3 鍋に煮汁の材料を合わせて2の豚肉を入れ、中火でじっくりと煮る。

4 小芋は六方にむいたものを素揚げにし、熱湯をかけて油抜きしてから、濃口八方だしで煮含める。

5 冬瓜は皮を薄くむき、塩ずりしてから熱湯で下茹でする。やわらかくなったら薄口八方だしに漬け込んでおく。

6 4の小芋の煮汁を火にかけ、水溶きの葛を加えてとろみをつける。器に3の豚の角煮、4の小芋、7の冬瓜を盛り、とろみをつけた煮汁を張り、溶き辛子をのせる。

＊豚肉を煮込む前に焼いておくと、肉の旨みが封じ込められるとともに煮くずれを防ぐことができる。

豚肉の煮汁

〈材料／割合〉

だし	10
酒	5
みりん	1
薄口醤油	1
砂糖	0.3

※だし10に対してみりん1、薄口醤油1で合わせる薄口八方だしが煮汁のベース。酒をたっぷりめに加えることで肉をふんわり風味よく。

牛タンの煮汁

〈材料／割合〉

ブイヨン	10
酒	2
みりん	1
濃口醤油	2
砂糖	0.5
ケチャップ	0.1
ウスターソース	0.2

※ブイヨンは市販のものでおいしくできる。酒、みりん、醤油にケチャップとウスターソースを加えて変わり煮込みに。
※皮目を焼いた鶏肉や鴨ロースにも合う。

あん仕立て

あんの代表的なものに、濃口醤油を使った鼈甲(べっこう)あん、薄口醤油を使った銀あん、吸い地のだしに薄くとろみをつける吉野あんなどがある。煮ものや蒸しものをあん仕立てにすると、口当たりがなめらかになり、味のからみもよくなる。料理が冷めにくいので特に寒い季節には最適。あんに彩りのよい魚介や野菜を加えると料理性も高まる。

大根もちの菊花あんかけ

材料

大根もち
おろし大根…35g
白玉粉…15g
◎鼈甲あん…1/2カップ
菊花(茹でたもの)…10g
わさび…少量
人参…少量

作り方

1 大根もちをつくる。すりおろした大根の水分をよく絞り、白玉粉と混ぜ合わせて丸くまとめ、熱湯で茹でる。

2 菊花あんをつくる。鼈甲あんの材料のだしと調味料を合わせて火にかけ、水溶き葛でとろみをつけたところへ、茹でた菊の花を散らして火をとめる。

3 器に1の大根もちを盛り、2の菊花あんをたっぷりとかけ、わさびと紅葉に切って茹でた人参を添える。

冬瓜の水晶煮、海老そぼろあんかけ

材料

冬瓜…180g
薄口八方だし…2カップ
海老そぼろあん
　エビ…3尾
　酒、塩…適量
◎銀あん…1カップ

作り方

1 冬瓜はわたを除いて3cm角くらいに切り、皮を薄くむく。この表面に鹿の子庖丁を入れて塩ずりし、熱湯で色よく茹でて冷水に取り、水にさらして塩分を抜く。

2 薄口八方だしを一度煮立たせてから冷まし、1の冬瓜を入れてつけ込む。

3 海老そぼろあんをつくる。エビは背わたを取って殻をむき、細かく叩いて酒、塩で煎ってザルに上げ、汁気をきる。

4 銀あんの材料の薄口八方だしと3の海老そぼろを合わせて火にかけ、煮立ってきたら水溶きの葛を入れて薄くとろみをつける。

5 器に冬瓜を盛り、あんを回しかける。

銀あん

〈材料／割合〉

だし	12	薄口醤油	1
酒	2	塩	少量
みりん	1	水溶き葛粉	適量

※薄口八方だしに水溶きの葛でとろみをつけてつくる。素材の色を活かしたい煮ものに向く。

鼈甲あん

〈材料／割合〉

だし	10～12
みりん	0.8
濃口醤油	1
水溶き葛粉	少量

※濃口八方だしを使って鼈甲色に仕立てる。甘みを加えたり、絞り生姜やわさびで風味を加えてつくることもある。

小芋の含め煮、蟹きのこあんかけ

材料

小芋…7個
薄口八方だし…2カップ
蟹きのこあん
　カニのほぐし身…20g
　えのき茸…10g
　しめじ…10g
◎銀あん…1/2カップ
生姜の絞り汁…小さじ1/3
三つ葉(茎)…少量

作り方

1 小芋は皮を六方にむき、米ぬかを加えた水で茹でて、やわらかくなったら水洗いしてぬめりを取る。

2 鍋に薄口八方だしの材料を合わせて火にかけ、煮立ったら1の小芋を入れて煮る。煮含めたのち、火をとめてそのまま煮地にひたしておく。

3 蟹きのこあんをつくる。きのこはそれぞれ石づきを除いてさっと茹で、3、4㎝長さに切る。

4 鍋に銀あんの材料の薄口八方だしを煮立たせ、煮立ってきたら水溶きの葛でをとろみをつけて銀あんをつくり、3のきのことカニ身を加えてさっと火を通し、最後にさっと茹でた三つ葉の茎と生姜の絞り汁を加える。

5 器に2の小芋を盛り、4の蟹きのこあんをたっぷりとかける。

銀あん

〈材料／割合〉

だし	10
みりん	1
薄口醤油	0.7
塩	少量
水溶き葛粉	適量

※あっさりとした銀あんに魚介や野菜をたっぷりと加えると、あん自体がごちそうとなる。

煮こごり

口のなかでとろりと溶け出す煮こごりには、ほかの煮物とはまた違ったおいしさがある。煮こごりは、本来、魚や肉を煮たあとの煮汁に溶け出たにかわ質によってできるものだが、ここで紹介したように煮汁だけではうまく固まらない場合、ゼラチンや寒天などを補ってつくる。仕上がりの口当たりが何より大切なので、固くなりすぎないよう注意すること。

海老と冬瓜、南瓜の煮こごりかけ

材料

車エビ…2尾
南瓜…30g
　薄口八方だし…適量
冬瓜…50g
　薄口八方だし…適量
小芋…1個
　白八方だし…適量
枝豆…10g
◎煮こごり地…1/4カップ

作り方

1 車エビは背ワタを取り、塩を入れた熱湯で茹でて水に取り、殻をむく。
2 南瓜は色紙に型どって皮をむき、下茹でしてから薄口八方だしで煮る。
3 冬瓜は青い部分が残るように外皮をむき、鹿の子に庖丁目を入れて塩ずりし、茹でてから冷水に取る。これを薄口八方だしでさっと煮てから、さらに冷ました薄口八方だしにつける。
4 小芋は六方むきにして米のとぎ汁で茹でてから水にさらし、白八方だしで煮含める。
5 枝豆はさやのまま塩もみしてしばらく置き、茹でてから豆を取り出す。
6 煮こごりをつくる。濃口八方だしを煮立てて戻したゼラチンを加える。ゼラチンを溶き混ぜて粗熱を取り、冷蔵庫で冷やし固めて煮こごりをつくり、賽の目に切る。
7 器に車エビと南瓜、冬瓜、小芋を盛り、6の煮こごりを全体に回しかけて、枝豆を彩りよく散らす。
＊冬瓜は皮を厚くむかず、緑が残るように薄くむくと仕上がりの色がきれいに出る。

煮こごり地

〈材料／分量〉
濃口八方だし…1/2カップ
ゼラチン……5g

※煮こごりは魚を煮た汁に含まれるにかわ質によってできるもの。ここでは濃口八方だしにゼラチンを加えて“煮こごり風”に仕立てる。

煮おろし

煮物の料理はあっさりとしたイメージが強いが、この煮おろしは油で揚げてからおろし大根を加えた煮地で煮ていくので、油のコクとおろし大根の辛味が合わさって、独特の旨みがある一品となる。煮すぎると辛味が飛んでしまうので、おろし大根は煮上がりの直前に加えて温める程度にする。淡白な自身魚や野菜のほか、反対にクセの強い青背の魚などにも向く。

甘鯛の煮おろし

材料

アマダイ…50g
片栗粉、揚げ油…各適量
茄子…適量
長ねぎ、黄柚子…各少量
◎みぞれ地…1カップ

作り方

1 アマダイの上身に薄塩を振り、片栗粉をまぶして油で揚げる。
2 茄子は皮をむき、180℃に熱した揚げ油でひすい色に揚げ、熱湯をかけて油抜きする。皮は糸切りにしてさっと揚げる。
3 煮おろし地の材料のだしと調味料を合わせて火にかけ、煮立ったら1のアマダイと2の茄子を入れ、ひと煮立ちしたところへおろし大根を加える。
4 器に3のアマダイと茄子を盛り、2の茄子の皮を天盛りにし、輪切りにした長ねぎとせんに打った柚子を添える。

みぞれ地

〈材料／分量〉

だし	1カップ
みりん	大さじ1
酒	大さじ1
薄口醤油	大さじ1/2
おろし大根	大さじ2

※煮おろしは甘鯛やサワラなど淡白な魚介に向く手法。煮地は薄味に調え、おろし大根の辛味を生かしてさっぱりと仕立てる。

根菜のあんかけ

材料
蓮根…30g
小芋…2個
南瓜…30g
人参…20g
しし唐辛子…2本
揚げ油…適量
◎みぞれ地…2カップ

作り方
1 野菜は食べよい大きさに切り、170℃くらいに熱した揚げ油で揚げ、熱湯をかけて油抜きする。
2 鍋にみぞれ地の材料の濃口八方だしを煮立たせ、1の油抜きした野菜を入れて煮る。味がなじんだところへおろし大根と水溶きの葛を加えて薄くとろみをつける。
3 味がなじめば、煮地ごと器に盛る。
＊オランダ仕立てとは、油で揚げたり、焼いたりした調理をいう。ここでは揚げた根菜をみぞれ地で炊き、風味よく仕上げた。

みぞれ地

〈材料／分量〉
濃口八方だし……2カップ
水溶きの葛粉……大さじ1
おろし大根……大さじ2
※この場合の濃口八方だしはだし14に対し、酒と濃口醤油1、みりん0.8で合わせたもの。

魚介の蒸し物

素材の持ち味をそのままに調理できる蒸し物だが、その分、魚介ではクセや生臭みが残りやすく、蒸し地には酒をたっぷりと使う。さらに、振り塩をしたり霜降りにしたりと、臭みを取り除く下ごしらえがポイントとなる。クセがなく、鮮度のよい素材を選ぶことも大切である。

蒸し地

〈材料／分量〉

タイのだし……500mℓ
酒……100mℓ
塩……小さじ1/2

※だしは昆布だしでもよいが、ここではタイのおいしさを存分に味わってもらうため、タイの骨を焼いて煮出しただしを用いる。

鯛のかぶと蒸し

材料

タイの頭…1尾分
かぶ…5g
小松菜…3g
新生姜…1片
南瓜（いちょう型）…1枚
人参（紅葉型）…1枚
白菜…5g
昆布…適量
木の芽…1枚
すだち…1/2個

作り方

1 タイの頭はウロコを取り除き、半分に割り、霜降りにする。器に昆布を敷き、タイの頭をのせ、蒸し地を張る。
2 かぶ、小松菜、白菜、南瓜、人参を下処理し、湯がく。
3 新生姜はかつら剥きにし、千切りする。
4 すだちを半分に切り、飾り切りする。
5 1～4を器に盛りつけ、天に木の芽を飾る。

カワハギの肝蒸し

材料

カワハギ…1/2尾
カワハギの肝…30g
肝の煮地
　水…適量
　白味噌…小さじ1
　酒…大さじ1/2
　薄口醤油…小さじ1
　塩…少量
昆布（4cm角）…1枚
◎蒸し地…1カップ
長ねぎ…少量
ポン酢…適量

作り方

1 カワハギは上身にしたものを用意し、軽く振り塩をしてしばらくおく。
2 カワハギの肝は水によくさらして血抜きし、湯がいてから白味噌と酒、薄口醤油、塩を加えて味を調えておく。
3 器に昆布を敷いて1のカワハギを盛り、蒸し地を張って7～8分ほど蒸す。
4 蒸し上がったら、2の肝をのせ、笹切りにした長ねぎをあしらい、ポン酢を別に添える。

蒸し地

〈材料／分量〉

水	500mℓ
昆布	10g
酒	100mℓ
塩	小さじ 1/2

※昆布はひと晩水に漬けておく。煮立つ直前に取り出し、煮切り酒と塩で調味する。

フグのつぼ蒸し

材料

フグ…30g
昆布…適量
豆腐…2切れ
白菜きぬた…1貫
人参…少量
◎蒸し地…1/2カップ
みぶ菜、黄柚子
　…各少量
ポン酢…適量

作り方

1 フグは上身にしたものを用意し、へぎ身にして2時間ほど昆布で挟み、昆布じめにする。
2 豆腐は食べよい大きさに切る。白菜と人参は適当な大きさに切り、それぞれ下茹でする。
3 器に豆腐とフグ、白菜、人参を盛り、蒸し地を張って5～6分ほど蒸し、茹でて色出ししたみぶ菜と黄柚子をあしらう。別にポン酢を添える。

蒸し地

〈材料／分量〉

水	500mℓ
昆布	10 g
酒	100mℓ
塩	小さじ 1/2

※ちり仕立てに代表される魚介の蒸しものでは、ポン酢を別に添えるので蒸し地はさっぱりと調える。

鍋物

鍋地は煮込んでいくことを計算して仕立てていく。だしには昆布とカツオ節から引いた一番だしのほか、意外とさっぱりしている鶏スープも向く。こういっただしに調味料に工夫してオイスターソースを加えたり、おろし大根を加えたりすると味わいに変化が生まれる。また、つけだれや薬味にもひと手間かけて、鍋をより一層おいしくすることも個性的な鍋料理づくりに欠かせない。

寄せ鍋

材料／2人分

ブリ…40g
タイ…40g
サケ…40g
マナガツオ…40g
イカ…20g
エビ…2尾
鶏肉…40g
ホタテ…1個
エリンギ、舞茸…各1/2パック
水菜（小）…2束

鍋地

〈材料／割合〉

だし	5
酒	3
みりん	1
薄口醤油	0.8
濃口醤油	0.2
塩	少量

※魚介や鶏肉、野菜など材料から出る旨みを考慮して鍋地を調える。

白菜…20g
白ねぎ、茄子…各適量
◎鍋地…適量
薬味（あさつき、おろし大根など）…適量

作り方

1 ブリとタイ、サケ、マナガツオはそれぞれそぎ身にして軽く酒と塩を振ってしばらくおいたのち、さっと湯通しして霜降りする。

2 イカは食べよく庖丁目を入れてから切り分ける。エビは塩を加えた湯で湯通しし、頭と尾を残して殻をむく。鶏肉は食べよい大きさに切る。

3 野菜はそれぞれ火が通りやすいよう切りそろえておく。

4 鍋に鍋地の材料を合わせて火にかけ、1〜3の具を入れて中火で煮る。火が通ってきたら火を弱め、少し時間をかけてじっくりと煮る。

5 煮えたら取り鉢に取り分け、煮汁を少量張って供する。薬味を別に添える。

＊強火で煮すぎると魚の身がこわれるので、火が通ったらやや弱めの中火にする。

白子みぞれ鍋

材料

タラの白子…50g
豆腐…1/4丁
鍋地…1 1/2カップ
おろし大根…50g
ポン酢または
　生姜醤油…適量

作り方

1 タラの白子は塩水でつけ洗いしたのち、酒と塩を加えた湯でさっと湯通しし、水にさらしてザルに取る。
2 鍋に1の白子と鍋地の材料を合わせて火にかけ、一度煮立たせる。白子に火が通ったら食べよい大きさに切った豆腐とおろし大根を加える。
3 豆腐とおろし大根が温まったら、ポン酢または生姜醤油で食べてもらう。
＊おろし大根は火を通しすぎると風味が飛んでしまうので温める程度にする。

鍋　地

〈材料／割合〉

だし	12
酒	4
みりん	0.5
薄口醤油	1
塩	少量

※白子の濃厚なコクとおろし大根の風味を活かして、鍋地は薄味に調え、素材の持ち味を引き出す。

吟醸鍋

材料

サケ…30g
あわび茸、大根、人参…各少量
里芋…1個
焼き豆腐…1/8丁
こんにゃく…少量
白ねぎ…少量
水菜…適量
鍋地…1 1/2カップ

作り方

1 サケは上身にして強塩をして1時間ほどおき、表面にさっと焼き目をつける。
2 あわび茸と大根、人参は適当な大きさに切り、さっと湯通しする。里芋は一度湯でこぼしておく。
3 鍋地に1と2、食べよい大きさに切り揃えた焼き豆腐とこんにゃく、白ねぎ、水菜を入れて煮る。

鍋地

〈材料／割合〉

だし	2カップ
酒	1/4カップ
みりん	大さじ1
薄口醤油	大さじ1
粒味噌	20g
酒粕	40g

※粒味噌と酒粕を加えた野趣味のある鍋地。サケのほかにあん肝など濃厚な材料にもよく合う。

釜鍋おでん

材料

大根…50g
人参…40g
厚揚げ…1枚
じゃこ天…1/2枚
卵…1個
こんにゃく…30g
干し椎茸…1枚
◎鍋地…2カップ
溶き辛子…少量

作り方

1 大根と人参はそれぞれ大きめに切り、米のとぎ汁でやわらかく茹でてから水にさらす。
2 厚揚げとじゃこ天は半分に切り、熱湯をかけて油抜きする。
3 卵は茹でてから殻をむく。こんにゃくはねじりこんにゃくにして湯通しする。干し椎茸は水で戻しておく。
4 1〜3の具を鍋地に入れ、中火弱でじっくりと煮含める。小皿に溶き辛子と鍋地を入れて添える。

鍋地

〈材料／割合〉

鶏スープ	20
酒	1
みりん	1
薄口醤油	0.7
塩	少量

※だしは昆布とカツオの一番だしでも充分おいしくできる。地が煮つまってきたら鶏スープやだしを足して補う。

鶏スープ鍋

材料／4人分

鶏肉…240g
人参…160g
里芋…4個
舞茸…1パック
しめじ…1パック
エリンギ…1パック
パプリカ(赤・黄)
…各1個
茄子…80g
青梗菜…4株
焼き豆腐…適量
玉ねぎ…1個
◎鍋地…10カップ

作り方

1 鶏肉は、軽く酒と塩を振ってしばらくおき、皮目のみに焼き目をつけ、冷ましてから適当な大きさに切る。

2 人参と里芋は、それぞれ乱切りにして下茹でする。きのこ類は、それぞれ石づきを切り落として、水洗いする。

3 パプリカと茄子は乱切りにし、青梗菜は塩を入れて茹でて色出しする。焼き豆腐と玉ねぎはそれぞれ食べよい大きさに切る。

4 鍋に地を合わせ、それぞれ下ごしらえした鶏肉、人参、里芋と火の通りにくいものから1～3を順に加えて煮る。

鍋地

〈材料／分量〉

鶏スープ……1カップ
水……12カップ
オイスターソース……小さじ1
酒……1/2カップ
塩……少量

※鶏スープにオイスターソースを加えて新感覚の鍋地に仕立てる。エリンギやパプリカなど洋素材にもよく合う地となる。

しゃぶしゃぶ

牛肉や豚肉、野菜を湯に通して食べるというシンプルなものだけに、鍋地にコクや旨みを加味するとひと味違ってくる。

作り方

掃除した鶏ガラと豚骨、白菜や人参、玉ねぎなどの野菜を煮出してつくる野菜豚骨スープをつくり、塩と胡椒で調味する。もっとさっぱりと仕立てるのなら、ひと晩昆布を水につけた昆布だしを用いるとよい。

鍋　地

〈材料／割合〉

野菜豚骨スープ……適量
塩・胡椒……各適量

すき焼き

牛肉をまず割り下で煮て、その旨みを野菜や他の具材に移していく関東風と関西風の仕立て方があり、好みで使い分ける。

作り方

だしを煮立てたところに砂糖、酒、みりん、濃口醤油を加えてひと煮立ちさせる。関西風に砂糖、醤油、酒で調味する食べ方もあるが、だしを加えるこの割り下の方が煮つまりにくく、扱いやすい。

割り下

〈材料／割合〉

だし……4
砂糖……0.5
酒……1
みりん……0.5
濃口醤油……1

うどんすき

うどんを楽しむ鍋ものなので、煮干しだしをベースにしっかりめに味を調える。具には魚介や野菜を数種ずつ揃える。

鍋地

〈材料／割合〉

煮干しと昆布、かつお節の合わせだし……10
鶏スープ……4
酒・みりん……各1
薄口醤油……1
塩・砂糖……各少量

作り方

煮干しをひと晩漬けた漬け汁で一番だしを引き、これと鶏スープを合わせて、しっかりとした旨みを持つだしをつくる。

水炊き

骨付きの鶏肉を水から煮ていくことが多いが、鍋地も鶏スープを使って鶏のあらゆる部位を煮ると味わいも格別。

作り方

鶏スープと昆布とカツオの一番だしを合わせてだしに深みを出し、塩、胡椒のみでシンプルに調味する。

鍋地

〈材料／割合〉

鶏スープ……8
だし……2
塩・胡椒……各少量

カキの土手鍋

鍋の縁に土手のように味噌をぬり、これを鍋地に溶かしながら食べるので、鍋地はやや薄めに調えてバランスをはかる。

作り方

寄せ鍋の地くらいの八方だしに、赤味噌と白味噌を溶き混ぜる。鍋の縁にぬる味噌は、裏漉ししてなめらかにしたもの。

鍋地

〈材料／割合〉

煮だし……10
酒・みりん……各2
薄口醤油……0.5
赤味噌・白味噌……各適量

◎つけだれいろいろ

鍋ものは鍋地と具材の取り合わせで広がりを持ち、最終的に味を決めるつけだれや薬味に工夫すると味わいのバリエーションはさらに広がる。

柚子胡椒

- 材料／青唐辛子（種抜き）50 g、青柚子の皮 10 g、田舎味噌 50 g、みりん大さじ1、濃口醤油大さじ2
- 作り方／種を抜いた青唐辛子をつぶしてよくあたり、青柚子の皮をすりおろして加え、調味料を混ぜる。一味唐辛子で辛みを調節する。

ごまダレ

- 材料／煎りごま 100g、練りごま 50g、砂糖 30g、みりん大さじ2、濃口醤油大さじ1、煮きり酒大さじ2、ポン酢・牛乳各適量
- 作り方／材料の調味料をすべて混ぜ合わせ、ポン酢と牛乳を好みで加えてのばして使う。

マヨダレ

- 材料／マヨネーズ 1/2 カップ、白味噌大さじ1、粒マスタード大さじ1、ポン酢大さじ2、塩・胡椒各少量、牛乳 1/3 カップ
- 作り方／マヨネーズと白味噌を合わせてから順に混ぜていく。好みであさつきまたはパセリを加える。

ごま味噌ダレ

- 材料／煎煎りごま 100 g、練りごま 50 g、白味噌 100 g、赤味噌 50 g、砂糖 50 g、みりん大さじ3、濃口醤油大さじ1、塩・胡椒各少量、牛乳適量
- 作り方／材料の調味料をすべてよく混ぜ、牛乳を好みで加え、のばして使う。

マヨネーズ豆板醤

- 材料／マヨネーズ 1/2 カップ、白味噌大さじ1、豆板醤小さじ2、ポン酢大さじ2、塩・胡椒各少量、牛乳 1/3 カップ
- 作り方／マヨダレの粒マスタードを豆板醤に変えたもの。好みで豆板醤の量は加減するとよい。

ピリ辛ダレ

- 材料／練りごま 100 g、砂糖 30 g、煮きり酒大さじ1、みりん大さじ2、濃口醤油大さじ1、ポン酢・牛乳・ラー油各適量
- 作り方／ラー油以外の材料をよく混ぜ、ポン酢と牛乳は好みで入れてのばし、ラー油で辛みをつける。

マヨネーズクリームチーズ

- 材料／マヨネーズ 1/2 カップ、クリームチーズ 50 g、塩・胡椒各少量、牛乳 1/2 カップ
- 作り方／マミネーズとクリームチーズを合わせてよく練り、なめらかになったら塩、胡椒で味を調え、牛乳を加えてのばす。

卵黄粒マスタード

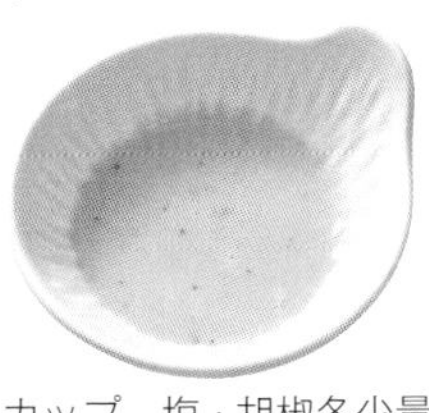

- 材料／マヨネーズ 1/2 カップ、白味噌大さじ1、粒マスタード大さじ1、ポン酢大さじ2、牛乳 1/3 カップ、塩・胡椒各少量、卵黄・りんご酢各適量
- 作り方／マヨダレに卵黄を加えて味をまろやかに。好みでりんご酢を加える。

焼きダレ・漬け地

焼き物は、日本料理の献立の基本、「一汁三菜」にも欠かせないもので、歴史も古く、素焼きや塩焼き、つけ焼きをはじめ、様々な手法や味わいのものが発達してきた。基本的なものとしては、素焼き、塩焼き、かけ焼きなどがあり、その他にも手法や使う調味料などよって様々な種類がある。この項では、主に焼きダレと漬け床を使ったものを紹介する。

黄身ダレでコクと
異色味を加える

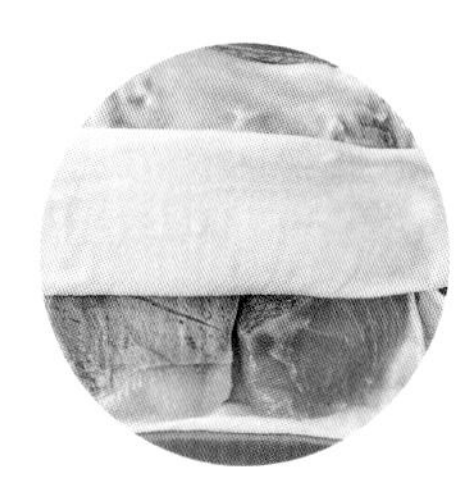

味噌の香りと
旨味を移す

柚子風味の地に
漬ける

祐庵地

醤油、みりん、酒を同割に合わせた漬け地で幅広い魚種に向く。この漬け地に柚子の輪切りや味噌を加えてもよく、風味を高めることができる。江戸時代の茶人、北村祐庵が考案したといわれるが、「祐」の字は、「幽」をあてたり、柚子を使うことから「柚庵」とすることもある。

柚庵地

〈材料／割合〉

酒	1
みりん	1
濃口醤油	1
柚子（輪切り）	適量

※調味料を合わせ、柚子の輪切りを加える。

柚香焼き盛り込み

材料
タイ…60g
サケ…60g
ハマチ…60g
枝豆…2さや
酢取りみょうが…1本
木の芽…少々
山椒…少々
◎柚庵地

作り方
1 各魚を下処理して切り身にし、塩をふって1時間ほどおく。
2 1を水洗いし、柚庵地に30〜40分漬ける。脂の多い魚は少し長めに漬ける。
3 2の切り身の汁気をきって波串を打って、焦げないよう気を付けながら両面を焼く。
4 3を器に盛りつけ、叩いた木の芽、山椒を散らす。

かけ焼き・照り焼き

「若狭焼き」のようにさっぱりとしたものから、こってりとした「照り焼き」まで多彩な味わいがある。かけ焼きにする時は、最初から焼きダレをかけて焼くと焦げやすいので、素材に八分通り火を通してから、何度かに分けてタレをかけて焼き、味を含ませていく。

アイナメの若狭焼き

材料

アイナメ…80g
◎若狭地…適量
黒豆蜜煮、蓮根の酢漬け…各適量
つわぶきの葉…適宜

作り方

1 アイナメは三枚におろし、骨切りの要領で身に深く切り込みを入れて適当な大きさに切る。

2 1のアイナメを若狭地に20～30分程度漬けて取り出し、串を打って焼く。途中、若狭地を3、4回かけながら塩気を引き出すように風味よく焼き上げる。

3 つわぶきの葉をしいた器に2のアイナメをのせ、黒豆の蜜煮、蓮根の酢漬けを添える。

アナゴの照り焼き

材料

アナゴ（開いたもの）…1尾
◎照り焼きのタレ…適量

作り方

1 アナゴは頭と尾を落とし、皮のぬめりを庖丁でこそげとる。
2 1のアナゴ両褄折りにして串を打ち、皮目の方から両面を焼いて白焼きにする。
3 八分通り火を通したら、身側に2、3回タレをかけて乾かす程度に焼き、皮側も同様にタレをかけながら照りよく焼き上げる。
4 焼き上がったら、串を抜いて、器に盛る。

照り焼きのタレ

〈材料／割合〉

濃口醤油	1
たまり醤油	0.2
酒	1
砂糖	0.5

※材料を合わせて火にかけ、2割程度煮詰める。
※アナゴの他、ハモなどの魚にも使える。タレは、水分が入らないよう注意すれば、冷蔵庫で半年程度の保存が可能。

若狭地

〈材料／割合〉

だし	9
酒	3
みりん	1
薄口醤油	0.5

※材料を鍋に合わせ入れ、さっと煮立てる。
※甘ダイやサワラ、銀ムツなどにも向く。

焼き物の寄せ盛り

幾通りもの手法、食べ味の焼き物を取り合わせ、寄せ盛りに。ちょっと趣向を凝らして見た目にも楽しませる。口替わりに山桃の蜜煮を添える。

かけ焼き・照り焼き

アユのたで味噌、煎り玉焼き

アユのおろし身(片身)を玉酒で洗って臭みを抜き、片褄折りに金串を打って素焼きにする。たでの葉20gをすり鉢ですって玉味噌100gに合わせた「たで味噌」をアユに少量ぬって香ばしくあぶり、仕上げに煎り玉子をふる。味噌は魚に焼き色をつけてから味噌をぬるのがポイント。

鱧の源平焼き

骨切りしたハモのおろし身を喰い切り(ひと口大・10g)に切り、金串を打つ。一方はふり塩で塩焼きにし、もう一方はタレ焼きにして二色に仕上げ、源平焼きにする。骨切りしたハモの身は、火が通りやすいので強火で手早く焼くのがコツ。

ヒラメのフォアグラ味噌焼き

ヒラメに濃厚な味わいのフォアグラ味噌を合わせた、ちょっと贅沢な焼き物。「フォアグラ味噌」は、玉味噌1、フォアグラ1.5、煮きり酒0.3、煮きりみりん0.2の割合で合わせてクリーム状に練って作り、白焼きにしたヒラメ(1人当て30g)にぬって焼き上げる。

かますのごま利休焼き

ごまの風味が香ばしい焼き物。カマスのおろし身(1人当て30g)は、切り身にして「祐庵地」(90頁参照)に20分間程度つける。汁気をふいてから平串を打ち、両面を焼く。仕上げに祐庵地をかけて照りよく焼き上げ、切りごまで味わいにコクと香ばしさをプラスする。

油目の木の芽焼き

焼き上がりに、木の芽で爽やかな香味を加えたかけ焼きのひとつ。アイナメのおろし身は身側に骨切りの要領で切り込みを入れ、5、6cm幅に切って金串を打つ。両面を素焼きにし、焼きダレを2、3回かけて色よく仕上げ、叩き木の芽をふり、白花豆の蜜煮を添えた。

焼きダレ

〈材料／割合〉

酒……4　濃口醤油……3　砂糖……0.2
みりん……2　たまり醤油……0.2

※材料を鍋に合わせて火にかけて煮詰める。

サーモンの焼き物

サーモンの切り身に金串を打ち、両面を素焼きにしたら、タレを何度かに分けてかけ、照りよく焼き上げる。糖分が多い配合のタレは焦げやすいので、火加減に気をつけることが大切。木の芽とたでの葉を添えた。

焼きダレ

〈材料／割合〉

酒……4　濃口醤油……3
みりん……2　水あめ……0.5

※材料を鍋に合わせて、ごく弱火で1割ほど煮詰める。

ふぐの照り焼き

歯ごたえのよいフグの身をつややかな照り焼きに。フグの身は金串を打って素焼きにする。次に焼きダレをかけ、表面が乾いたらまたタレをかける工程を繰り返す。照りよく焼き上げる。

焼きダレ

〈材料／割合〉

酒	4
みりん	2
濃口醤油	3
水あめ	0.5
たまり醤油	0.2

※材料を鍋に合わせて、ごく弱火で1割ほど煮詰める。

蒲焼き・焼き鳥のタレ

照り焼きのタレの一種で、醤油、砂糖、みりんなどの調味料を煮詰めることで、しっかりとした甘みの濃厚な味わいに仕立てる。ウナギ、アナゴ、ハモ、サンマ、イワシなどのようなクセのある魚類、鶏肉などに使うとよく、焦げたタレの香ばしさも味わう。

鰻の蒲焼き

材料

ウナギ(開いたもの)…1尾
◎蒲焼きのタレ…適量
しめじのけしの実まぶし…少々
岩梨…少々

作り方

1 ウナギは金串を打って皮目から白焼きにする。

2 1に蒲焼きのタレをかけながら乾かす程度に焼き、濃いきつね色になるまで香ばしく焼き上げる。

3 2のウナギを食べよい大きさに切って器に盛り、八方だしにつけたしめじにけしの実をまぶして添え、岩梨をあしらう。好みで粉山椒をふってもよい。

焼き鶏

材料

鶏もも肉…50g
白ねぎ…1/2本
こんにゃく…20g
ブロッコリー…20g
大根…40g
◎焼き鶏のタレ…1/4カップ

作り方

1 鶏もも肉は一口大に切る。長ねぎは2、3cm長さに切る。こんにゃくは茹でて鶏肉と同じくらいの大きさに切る。

2 鶏肉、白ねぎ、こんにゃくを竹串に刺して素焼きし、タレを何度かまわしかけながら炭火であぶり、照りよく焼き上げる。前盛りに茹でた大根とブロッコリーを添えて供する。

焼き鶏のタレ

〈材料／割合〉

酒	5
濃口醤油	3
たまり醤油	1
ざらめ砂糖	1

※鍋に材料を合わせて弱火にかけ、ゆっくりと2割程煮詰める。

蒲焼きのタレ

〈材料／割合〉

みりん	6
酒	1
濃口醤油	0.3
たまり醤油	1
ウナギの頭、中骨	適量

※鍋に調味料、香ばしく焼いたウナギの頭と中骨を合わせ入れて弱火にかける。アクを取り除きながらゆっくりと2割程度煮詰める。

おはぎのくわ焼き

材料／2人分

白身魚のすり身…60g
山芋とろろ…10g
卵白…小さじ1
茄子…20g
枝豆…20g
人参…10g
生ハム…10g
小麦粉…少々
◎くわ焼きのタレ…適量

作り方

1 材料の下ごしらえをする。茄子と人参は、それぞれあられ切りにしてさっと茹で、八方だしにつけておく。枝豆はさやごと塩茹でして豆を取り出して粗切りにする。生ハムはみじん切りにする。
2 魚のすり身に山芋とろろ、卵白を加えてよくすり合わせ、1の具の水気をきって加え混ぜ、食べよい大きさの小判形にまとめる。
3 蒸気のあがった蒸し器に2を入れ、5〜6分蒸す。
4 フライパンに油を薄くひいて熱し、3を入れて中火で焼き、表面に軽く焦げ目がついたらタレを加え、味をからめるようにして照りよく焼き上げる。

くわ焼きのタレ

〈材料／割合〉

材料	割合
酒	3
みりん	1
濃口醤油	0.7
たまり醤油	0.3
砂糖	0.5

ウニ衣

黄身衣にウニを加えてつくる、濃厚な味わいの焼きタレ。ここでは、ウニそのものを使う場合と手軽な練りウニを使う方法を紹介する。いずれも材料を素焼きしてからウニ衣をぬり、焦がさないようにすることが大切。

太刀魚のウニ焼き

材料

タチウオ（おろし身）…70g

タチウオの下地（酒4、薄口醤油1、みりん1の割合で合わせたもの）…適量

◎ウニ衣…適量

蓮根の甘酢漬け、いんげん、とんぶり、白酢…各少々

ウニ…少々

作り方

1 タチウオは下地に20分くらいつけて汁気をきり、両面を素焼きする。

2 1のタチウオの皮目にウニ衣をぬって焼き、乾いたら衣をぬり重ねながらきれいな焼き色に仕上げる。

3 器に2を盛り、焼き目をつけたウニを上にのせ、蓮根の甘酢漬け、塩茹でしたいんげんに白酢（135頁参照）、とんぶりをのせて供する。

ウニ衣

〈材料／分量〉

練りウニ……20g

卵黄……1個分

煮きり酒……大さじ1

※練りウニに卵黄を混ぜ合わせ、なめらかになるまで混ぜる。

※練りウニに大根の切れ端を入れておくと、特有のえぐみやアクがやわらぐ。

黄身衣

焼き上げた時の鮮やかな卵黄の色合いが身上。弱火であぶり、タレが乾いてからぬり重ねて焼くと、きれい仕上がる。イカやエビ、ホタテ、白身魚などの淡泊な素材に用いると、色合い、風味が引き立つ。

イカの黄身焼き

材料

イカ…30g
◎黄身衣…適量

作り方

1 イカは、盛った時、表にくる面に鹿の子庖丁を入れて軽く酒と塩をふり、金串を打って下焼きする。この時、火を入れすぎると身が固くなるので注意。

2 1のイカの切り目を入れた面に黄身衣をぬって弱火であぶる程度に焼く。表面が乾いたら、さらに黄身衣を2、3回ぬり重ねて焼き、黄金色に仕上げる。

黄身衣

〈材料／分量〉

卵黄……2個分
みりん……小さじ2
塩……小さじ1/3

※卵黄にみりんを加えてなめらかにのばし、塩で味を調える。

銀ムツの黄身焼き

白身魚（銀ムツ）は塩をして身をしめ、下焼きのタレ（煮きり酒2、煮きりみりん1、薄口醤油1の割合）に30分間ほど漬け込み、両面を軽く焼く。これに卵黄に玉味噌を加えた黄身衣を2～3回重ねぬりしながら色よく焼き上げる。

味噌漬け・粕漬け

味噌や酒粕を調味して素材を漬け込み、漬け床の風味を移して香ばしく焼き上げる。素材を漬け込む前に塩をしたり、漬け床に香味野菜を加えるなどして、余分な水分や臭みをのぞいておくことが風味よく仕上げるコツ。サワラ、ブリ、マナガツオ、甘ダイ、牛肉などを使うとおいしくできる。

粕漬け床

〈材料／割合〉

酒粕	4
白味噌	6
みりん	2

※酒粕は酒を適量加えてやわらかく戻して、白味噌を加え混ぜる。

銀ムツの吟醸焼き

材料／4人分

銀ムツ（切り身）…4切れ
◎粕漬け床…200g
おくら、人参…各少々
白和え衣（133頁参照）…適量

作り方

1 ムツは軽く塩をふってしばらくおき、塩を洗い流して水気をふく。
2 粕漬け床に1のムツを約三日間漬けたら、取り出して表面をふいて金串を打ち、色よく焼く。
3 2に粕漬け床を少量ぬって軽くあぶり、焼き目をつけて器に盛る。八方だしに漬けたおくらに白和え衣、茹でた人参を添える。

魚介と肉の味噌漬け焼き

材料

サケ…30g
サワラ…30g
マナガツオ…30g
牛肉…30g
◎味噌床…適量

作り方

1 魚の味噌漬け焼きをつくる。ブリ、サワラ、マナガツオの切り身は、それぞれ1切れ30gずつ用意し、軽く塩をふってしばらくおき、しみ出てくる余分な水分はふきとる。

2 深めのバットに味噌床、ガーゼ、下処理した魚、ガーゼ、味噌床の順にしき入れてフタ(またはラップ)で密閉して常温(20℃前後)で一晩漬け込む。

3 2の味噌をふいて金串を打ち、きれいな焼き目をつける。

味噌床

〈材料／割合〉

白味噌（粒）……10

みりん……1

酒……1

※味噌にみりんと酒を加えて全体に練り混ぜる。

※肉の味噌床には、生姜のせん切りを適量加えると肉の臭みがとれる。

※味噌床の味噌は信州味噌や仙台味噌に変えてもよい。信州味噌の場合、味噌10、酒２の割合で合わせる。仙台味噌の場合は味噌10、酒１、みりん１の割合に。

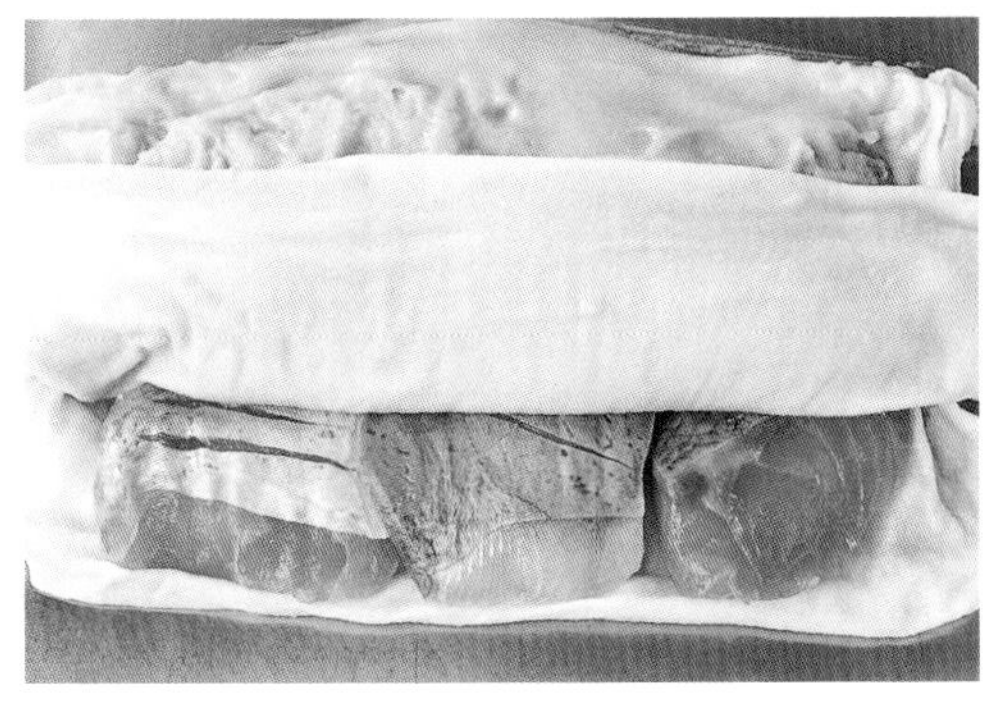

4 肉の味噌漬け焼きをつくる。味噌床に生姜のせん切りを加え、魚の味噌漬けと同じ要領で漬け込み、取り出して味噌をふきとり、香ばしく焼く。

5 ３、４の味噌漬け焼きを器に寄せ盛りにする。

味噌漬け・粕漬け

合わせ酢

合わせ酢のさわやかな酸味は、先付けや前菜で食欲を刺激したり、献立半ばの口直しの料理として使われることが多い。基本的な合わせ酢は、酢に醤油やみりんを加えて味を調えた二杯酢や三杯酢などがあるが、別の香りや調味料、材料をプラスすることで、多彩な味わいの合わせ酢をことがつくることができる。

サヨリの二杯酢

繊細な味わいのサヨリに、すっきりとした二杯酢をかけた酢の物。サヨリのおろし身を立て塩につけ、水気をふいて酢で洗い、食べよく切って器に盛る。二杯酢をかけ、ホワイトアスパラガス、赤ピーマン、金針菜、こごみ、花穂じそを添える。

甘　酢

酢1＋みりん1＋薄口醤油１＋だし６

二杯酢

酢1＋薄口醤油1＋だし1

土佐酢

三杯酢＋カツオ節

三杯酢

酢1＋薄口醤油１＋みりん 0.3＋砂糖 0.2＋塩少々

夏みかん酢

夏みかん酢２＋だし 200㎖＋
みりん1＋薄口醤油１

八方酢

酢１＋だし８＋煮切りみりん１＋
薄口醤油１＋砂糖 0.2 ＋塩少量

みぞれ酢

酢１＋だし３＋みりん 0.5 ＋薄口醤油 0.5 ＋
塩少量＋すだち絞り汁 0.1 ＋おろし大根適量

すし酢

酢1カップ＋砂糖 150g ＋塩 45g ＋
爪昆布 5cm 角１枚

ごま酢

酢 50㎖＋練りごま 100g ＋砂糖 60g ＋
みりん 30㎖＋薄口醤油 15㎖＋塩 10g

ポン酢

柑橘酢１＋濃口醤油 0.8 ＋薄口醤油 0.2 ＋煮切り酒１＋
煮切りみりん 0.5 ＋昆布適量＋カツオ節適量

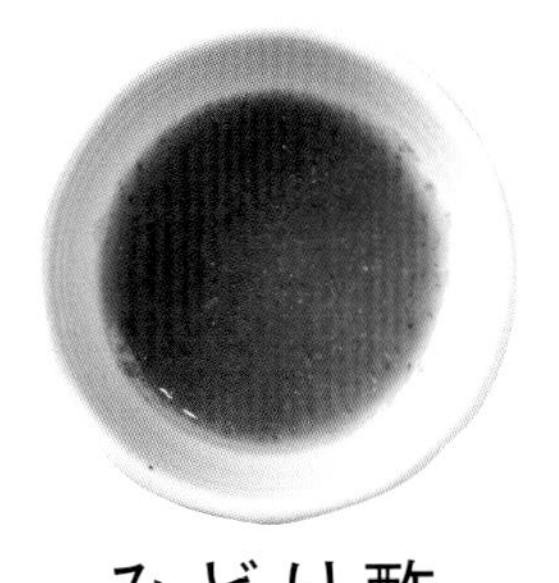

みどり酢

酢１＋だし１＋みりん 1/4 ＋薄口醤油 1/4 ＋
カツオ節適量＋おろしきゅうり適量

すだち酢

すだち酢１＋カツオだし４＋
昆布だし１＋みりん1＋薄口醤油１

二杯酢・三杯酢

合わせ酢の中でも基本になるもので、一般的には、酢、薄口醤油、だしを同割で合わせたものを「二杯酢」、これにみりん加えたものを「三杯酢」という。様々な酢の物や和え衣のベースとして使える重宝な合わせ酢。

タチウオの二杯酢

材料

タチウオ…25g
◎二杯酢…適量
ラディッシュ、花山椒、うるい…各適宜

作り方

1 タチウオは三枚におろして一塩あて、水洗いして水気をふき取る。金串を打って皮目をさっと焼いて焼き、氷水にとって水気をふく。

2 1のタチウオをそぎ切りにして器に盛り、二杯酢を適量かける。色よく湯がいたうるい、輪切りのラディッシュ、当座煮した花山椒を添える。

二杯酢

〈材料／割合〉

材料	割合
酢	1
薄口醤油	1
だし	1

※鍋に材料を合わせて火にかけ、さっと火を通して冷ます。

イカの三杯酢

材料

ケンサキイカ…20g
◎三杯酢…適量
ふき、片栗の葉、金針菜、ラディッシュ…各適

作り方

1 イカは表面に鹿の子庖丁を入れ、酒煎りして1cm幅くらいに切る。

2 器に1のイカを盛って三杯酢を適量かけ、色よく湯がいた片栗の葉、ふき、戻した金針菜、ラディッシュのせん切りを添える。

三杯酢

〈材料／割合〉

材料	割合
酢	1
薄口醤油	1
みりん	0.3
砂糖	0.2
塩	少々

※鍋に材料を合わせて火にかけ、ひと煮立ちしたら火をとめて冷ます。

八方酢

基本の二杯酢や三杯酢にだしや調味料を加えて薄味に調えた、淡い酢加減の合わせ酢。調味料の配合は、使う素材によって加減する。特に淡泊な味わいの素材に用いるとよい。

鯛の白焼きと椎茸の八方酢

材料

タイ（おろし身）…30g
昆布…適量
生椎茸（小）…1枚
イクラ・針生姜…各適宜
◎八方酢…大さじ1

八方酢

〈材料／割合〉

材料	割合
酢	1
煮きりみりん	1
だし	8
薄口醤油	1
砂糖	0.2
塩	少量

※ボールに材料を合わせ入れ、よく混ぜる。

作り方

1 タイは軽く塩をふって昆布じめにし、そぎ切りにして白焼きにする。
2 椎茸は軸をのぞき、さっと焼き目をつけてそぎ切りにする。
3 器に1のタイを盛り、手前に2の椎茸を置いて八方酢をかける。針生姜を立てかけ、天にイクラをあしらう。

水貝

材料

アワビ…10g
エビ…5g
人参…5g
じゅん菜…10g
防風…1本
長ねぎ…少々
岩梨…5粒
レモン…少々
◎八方酢…1/2カップ

作り方

1 アワビは身にたっぷりの粗塩をふり、身の表面をタワシで磨いて汚れやぬめりを落として水洗いする。ワタをつぶさないように殻から身を取り出し、口やエンガワなどの固い部分を切り取って、身を乱切りにする。
2 エビは、殻をむいてさっと茹でて霜降りにし、一口大に切る。
3 人参は薄めの乱切りにして下茹でする。長ねぎは小口切りにする。
4 よく冷やした八方酢を器に注ぎ、1、2、3、じゅん菜、岩梨、レモンのスライスを浮かべ、防風を添える。

八方酢

〈材料／割合〉

材料	割合
酢	1
煮きり酒	1
昆布だし	8
煮きりみりん	0.5
塩	少量

※ボールに材料を合わせ入れて混ぜる。

サンマのみぞれ酢

材料

サンマ…1/2尾
◎みぞれ酢…大さじ1強
青み、金針菜…各適量

作り方

1 サンマは3枚におろして塩をふり、30分程おく。塩を洗い落として水気をふいてから、酢に7〜8分つける。

2 1のサンマを2、3cm幅に切って器に並べ置き、みぞれ酢をかけ、青みと戻した金針菜をのせる。

みぞれ酢

〈材料／割合〉

だし	3	塩	少量
酢	1	すだち絞り汁	0.1
みりん	0.5	おろし大根	適量
薄口醤油	0.5		

※鍋にだし、みりん、醤油、塩を合わせて火にかけ、煮立ったら酢を加えて火を止め、冷ましてからすだちの絞り汁、おろし大根を加える。

ホタテとホワイトアスパラガスの酢の物

材料

ホタテ…30g
ホワイトアスパラガス…10g
◎合わせ酢…適量
菜の花、人参、黄柚子…各少々

作り方

1 ホタテは、表面に鹿の子庖丁を入れて軽く酒煎りし、食べよく切る。
2 ホワイトアスパラガスは、皮をむいて茹でる。
3 器に1、2を盛り、花山椒、湯がいた人参を添え、柚子のせん切りを天にのせる。

合わせ酢

〈材料／割合〉

りんご酢	10
砂糖	2
みりん	2
薄口醤油	1
塩・胡椒	各少量

※材料を合わせて、混ぜる。

タチウオの若布酢

材料

タチウオ（おろし身）…25g
◎ワカメ酢…大さじ1
玉ねぎ、大葉、赤ピーマン、人参、防風…各少々

作り方

1 タチウオは薄めのそぎ切りにする。
2 玉ねぎ、大葉、赤ピーマン、人参は、それぞれせん切りにして水にさらす。
3 器に1のタチウオを重ね盛りにし、ワカメ酢をかけて2の野菜をのせ、防風をあしらう。

ワカメ酢

〈材料／割合〉

だし	3
酢	1
みりん	0.5
薄口醤油	0.5
塩	少量
ワカメ（生）	適量

※鍋にワカメ以外の材料を合わせて火にかけ、煮立ったら火をとめて冷ます。使う直前にペースト状にしたワカメを加える。

土佐酢

三杯酢にカツオ節の旨みと風味を加えた合わせ酢で、三杯酢と同じく、いろいろな合わせ酢のベースとして活躍する。魚介類や野菜、フルーツとも相性がよく、酢の物や和え物に使うだけでなく、ドレッシング感覚でサラダに用いるとよい。

キスの一夜干し菊花奉書、土佐酢かけ

材料

キスの風干し(小)…2尾
大根…少量
菊花…少量
甘酢(104頁参照)…適量
◎土佐酢…1/4カップ
オクラ・とんぶり・イクラ
…各少々

作り方

1 キスはさっと焼いて、5㎝×2㎝くらいの大きさに切る。
2 大根は5㎝幅のかつらむきにして、塩水につけてしんなりしたら、甘酢につけておく。
3 菊花は酢を入れた熱湯でさっと湯がき、水にさらしてよく絞り、甘酢につけておく。
4 2の大根を広げ置き、3の菊花の水気をきって芯にし、

のり巻きの要領で巻き、横斜め半分に切る。

5 器に1のキス、4の菊花奉書を見栄えよく盛って土佐酢をかけ、オクラの薄切りとイクラをちらし、とんぶりをのせる。

土佐酢

〈材料／割合〉

酢	3
だし	3
みりん	1
薄口醤油	1
砂糖	0.2
塩	少量
カツオ節	適量

※鍋にだし、酢、みりん、薄口醤油を合わせて火にかけ、煮立ったらカツオ節（合わせ酢2ℓに対して50gが目安）を加えて火を止め、漉してから冷ます。

フルーツの変わりおひたし

材料

りんご…20g
ぶどう（巨峰）…3粒
柿…20g
梨…20g
◎変わり土佐酢…大さじ3

作り方

1 りんごは皮つきのままで、柿と梨は皮をむいてそれぞれ拍子木に切り、立て塩で軽く洗って水気をきる。ぶどうは皮をむいて種を抜く。

2 変わり土佐酢に1の果物を合わせ入れ、全体に味がなじむようにざっくりと混ぜて器に盛り、青みを添える。

変わり土佐酢

〈材料／分量〉

土佐酢	1/2カップ
りんごのすりおろし	大さじ1
ひねりごま	大さじ1

※土佐酢とりんごのすりおろしを混ぜ合わせ、ひねりごまを加える。

スズキと彩り野菜の吹き寄せ風

材料／2人分

スズキ（おろし身）…60g
木くらげ…20g
白木くらげ…20g
花丸きゅうり…1/2本
人参…20g
菊花（ボイルしたもの）…10g
花穂じ…2本
◎土佐酢…適量

作り方

1 スズキは塩焼きにして身をほぐしておく。
2 人参ときゅうりは、それぞれ細めの短冊切りにし、それぞれさっと塩茹でする。
3 木くらげ、白木くらげは戻して細切りにする。
4 菊花は酢を入れた熱湯で湯がき、水にさらしてよく絞る。
5 1、2、3、4を土佐酢で全体に和えるようにして混ぜ、器に盛って花穂じそを散らす。

土佐酢

〈材料／割合〉

酢	1
だし	1
みりん	1/4
薄口醤油	1/4
カツオ節	適量

※鍋にだし、酢、みりん、薄口醤油を合わせて火にかけ、煮立ったらカツオ節（合わせ酢2ℓに対して50gが目安）を加えて火を止め、漉してから冷ます。

南蛮酢・マリネ酢

南蛮酢は、酢に唐辛子やねぎなどの香味野菜、油を加えたもの。これを使った南蛮漬けは、さっぱりとしながらもコクがあり、酒肴をはじめ、総菜にも向く。マリネ酢は、酢に油を加えたシンプルなもので、ドレッシングとしても活用できる。

タイの南蛮漬け

材料

タイ（おろし身）…30g
玉ねぎ…適量
◎南蛮酢…大さじ3
しめじ、青ねぎ、はじかみの甘酢漬け、糸唐辛子、レモン…各少々

作り方

1 玉ねぎをざく切りにして油でさっと炒め、南蛮酢を加えて冷ましておく。
2 タイは食べよい大きさに切り、小麦粉をつけて中温の油でカラリと揚げ、熱いうちに1の南蛮酢に漬ける。
3 器に2を盛り、素揚げして油抜きしてポン酢につけたしめじ、レモンのスライス、はじかみの甘酢漬け、糸唐辛子を添える

南蛮酢

〈材料／割合〉

材料	割合	材料	割合
だし	3	砂糖	0.1
酢	1	塩	少量
みりん	0.5	赤唐辛子	少々
薄口醤油	0.5		

※鍋に材料を合わせて火にかけ、煮立ってきたら火をとめる。

サーモンの南蛮漬け

材料

サケ（おろし身）
…30g
玉ねぎ…20g
貝割れ菜、人参
…各少々
◎南蛮酢…大さじ3

作り方

1 サケはひと口大に切って軽く塩をふり、小麦粉を薄くまぶして180℃の油でカラリと揚げる。
2 玉ねぎと人参は、それぞれせん切りにする。
3 貝割れは根元を切り落とし、3cmぐらいの長さに切る。
4 バットに1、2を合わせ入れ、熱いうちに南蛮酢をたっぷりかけ、5～6時間漬ける。供する直前に貝割れを加え混ぜて器に盛る。

南蛮酢

〈材料／割合〉

酢	1
薄口醤油	1
だし	6
みりん	1
刻み赤唐辛子	適量

※鍋に材料を合わせて火にかけ、煮立ったらすぐに火を止める。

甘鯛といろいろきのこのマリネ

材料

甘ダイ（おろし身）…80g
えのき茸…1/4袋
木くらげ…10g
白木くらげ…10g
菊花（大）…一輪
◎マリネ酢…1/2カップ
万願寺唐辛子（輪切り）…適宜
ワイン甘酢漬けらっきょ…1個

作り方

1 甘ダイは一口サイズに切り、軽く塩をふって20分程おき、水気をふいて小麦粉をまぶし、中温の油でカラリと揚げる。
2 えのき茸は石突きをおとしてさっと茹で、2、3cm長さに切る。
3 木くらげと白木くらげは、それぞれ戻して細切りにする。
4 菊花はさっと茹でて水気を絞る。
5 ボールにマリネ酢、1から4を合わせ入れ、3時間程度おいて味をなじませてから器に盛り、スライスした甘酢らっきょと万願寺唐辛子をちらす。

マリネ酢

〈材料／分量〉

酢	50mℓ
サラダ油	50mℓ
塩	3g
胡椒	少々

※酢とサラダ油をよくかき混ぜ、塩、胡椒で味を調える。

ポン酢

柑橘類の爽やかな香りが魅力。本来、橙の絞り汁を使うが、かぼすやすだち、柚子を使っても香りがよい。材料を合わせて数日寝かせるとまろやかに仕上がる。

牛肉の叩きと野菜のたたき酢がけ

材料

牛もも肉…80g
刻み野菜［ヤングコーン1/2本、しめじ1/4パック、レタス・菊花、パプリカ（黄・赤）］…各少量
◎たたき酢…適量
かもじねぎ、芽ねぎ…各少々

作り方

1 牛肉の叩きをつくる。牛肉に塩、胡椒をして、油を薄くひいた鍋で表面を焼き、一割程度火を通したら氷水にとって冷まし、水気をふいてそぎ切りにする。
2 刻み野菜を用意する。ヤングコーンは茹でて輪切りにする。しめじはほぐして茹でる。レタスは1cm幅に切る。菊花は花びらをほぐしておく。
3 2の刻み野菜を彩りよく皿に広げ、1の牛肉の叩きをのせたら、たたき酢をかけ、かもじねぎを天に盛り、芽ねぎを立てかける。

たたき酢

〈材料〉
ポン酢……1/4カップ
だし……1/4カップ
おろし玉ねぎ 大さじ2
おろし大根…大さじ1
※ポン酢とだしを合わせ、おろし玉ねぎとおろし大根を加え混ぜる。

タイの子と白子のポン酢

材料

タイの子…20g
タイの白子…20g
◎ポン酢…適量
青ねぎ、白ねぎ…各少々

作り方

1 タイの白子、タイの子は、水にさらした後、玉酒でさっとボイルし、水気をふいて器に盛る。
2 ポン酢を同割のだしで割って、1にかけ、青ねぎと白ねぎを添える。

ポン酢

〈材料／割合〉

柑橘酢	1	煮きりみりん	0.5
濃口醤油	0.8	昆布	適量
薄口醤油	0.2	カツオ節	適量
煮きり酒	1		

※材料を大きめの容器に合わせ、昆布と削りガツオを加えて5～6日漬け込み、布漉しする。
※漬け込む期間は、夏期3日～冬季1週間位を目安にする。
※柑橘酢は、だいだいの他かぼす、すだち、柚子などの絞り汁を使う。
※昆布と削りガツオは、合わせ酢10カップに対し、昆布15g、カツオ節30gが目安。

吉野酢

薄味の加減酢に、薄く葛を引いてとろみをつけたもので、淡泊な素材の持ち味や繊細な色合いを生かすことができる。上品な味わいと、つややかな仕上がりが魅力。わさびや生姜などの香味を加えると、味にメリハリが出る。

穴子の白煮の吉野酢かけ

材料

アナゴの白煮…(小)1尾
かんぴょう…少々
人参…10g
菜の花…2本
◎吉野酢…大さじ1
ふき、うるい、みょうが…各適量

作り方

1 菜の花と細切りにした人参は、それぞれ塩茹でして水気をきり、アナゴの幅に合わせて切り揃え、束ねておく。
2 白煮にしたアナゴで1の人参と菜の花を芯にし、のり巻きの要領で巻いてかんぴょうでとめる。
3 2のアナゴ巻きをさっと蒸して輪切りにし、器に盛って吉野酢をかけ、ふき、うるいとみょうが、を添える。

吉野酢

〈材料／割合〉

酢	1	砂糖	0.5
だし	6	塩	少々
みりん	1	水溶きの葛粉	適量
薄口醤油	0.8	生姜の絞り汁	少量

※葛粉と生姜の絞り汁以外の材料を鍋に入れて火にかけ、煮立ったら水溶きの葛粉でごくうすくとろみをつけて冷まし、生姜の絞り汁を加える。

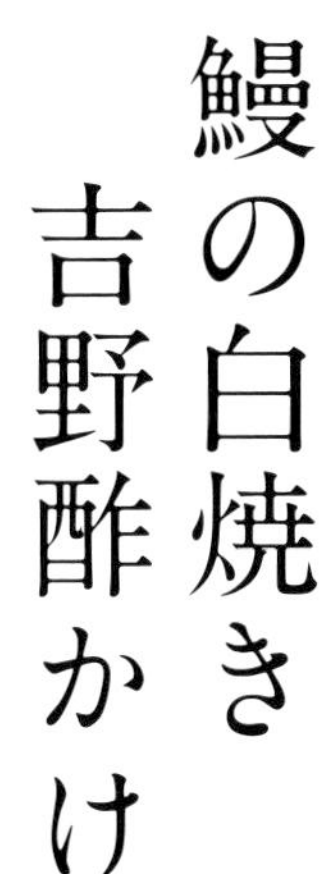

鰻の白焼き吉野酢かけ

材料

ウナギの白焼き…40g
◎吉野酢…大さじ1
大根、たらの芽、はす芋…各適量
赤芽、花穂じそ…各少々

作り方

1 ウナギの白焼きは、食べよい大きさに切る。
2 大根はせん切りにし、はす芋は半月の薄切りにする。たらの芽はアク抜きして八方だしにつける。
3 器に1のウナギを盛って、吉野酢をかける。2のはす芋、大根をのせて、たらの芽を添え、花穂じそ、赤芽を散らす。

吉野酢

〈材料／割合〉

酢	1	塩	少量
だし	3	水溶きの葛粉	適量
薄口醤油	0.5		
砂糖	0.2	わさび	少々

※水溶きの葛粉とわさび以外の材料を鍋に入れて火にかけ、煮立ったら水溶きの葛粉でうすくとろみをつけて冷まし、わさびを加える。

黄身酢

土佐酢に卵黄をたっぷり加えて湯せんにかけ、クリーミィに仕上げた合わせ酢。白身魚やカニ、エビ、野菜など、淡泊な味わいの素材によく合い、上品なコクが加わる。

鯛の昆布〆と青梗菜の黄身酢和え

材料

タイ（上身）…30g
昆布…5g
青梗菜…少々
◎黄身酢…小さじ1

作り方

1 牛昆布は固く絞ったぬれ布巾で汚れをふく。タイはそぎ切りにして薄く塩をし、昆布の上に身が重ならないように並べ置いて、昆布で挟み、ラップなどできっちり包み、冷蔵庫で3時間程度寝かす。
2 青梗菜は色よく塩茹でして、食べよく切って水気をしぼる。
3 1のタイに黄身酢をかけ、2の青梗菜とより人参を添える。

黄身酢

〈材料／分量〉

土佐酢	50mℓ
卵黄	5個分

黄身酢の作り方

1

2

3

4

5

6

鍋に白味噌、卵黄、砂糖を入れる（1）。さらに、みりん、酒を加える(2)。弱火にかけ、焦がさないように注意しながら丁寧に練っていく（3）。つやが出でるぐらいに練り上げたら、火からおろす（4）。最後にこし器でこして仕上げる（5）。

ともわた酢

主材料のわた(内臓)を使った合わせ酢で、その主材料とともに使う。わたのほろ苦さとコクを生かしたもので、ここでは土佐酢を加えてクセをやわらげるとともに、風味を高めた。アワビの他、カワハギやオコゼなどでつくっても美味。

鮑のともわた酢

材料

アワビ…1個
◎ともわた酢…適量
金針菜、ふき…各適量

作り方

1 アワビは、身に塩をたっぷりまぶしてタワシでこすり、汚れとぬめりを落とし、水洗いする。
2 殻から身を取り出してエンガワを切り離し、5ミリ厚さのそぎ切りにする。わたは、ともわた酢用にとっておく。
3 2のアワビの身を殻にのせて、ともわた酢をかけ、八方だしに漬けた金針菜とふきをのせる。

ともわた酢

〈材料／分量〉

アワビのわた……1個分
土佐酢……大さじ1

※アワビのわたをなめらかに裏漉しし、土佐酢を適量加え混ぜる。

合わせ味噌

合わせ味噌は、その名の通り、味噌を主体として色々な調味料や風味を加え合わせたもの。最も基本となるものは玉味噌で、この味噌をベースに様々な調味料や香味を加えることで多彩な合わせ味噌をつくることができる。

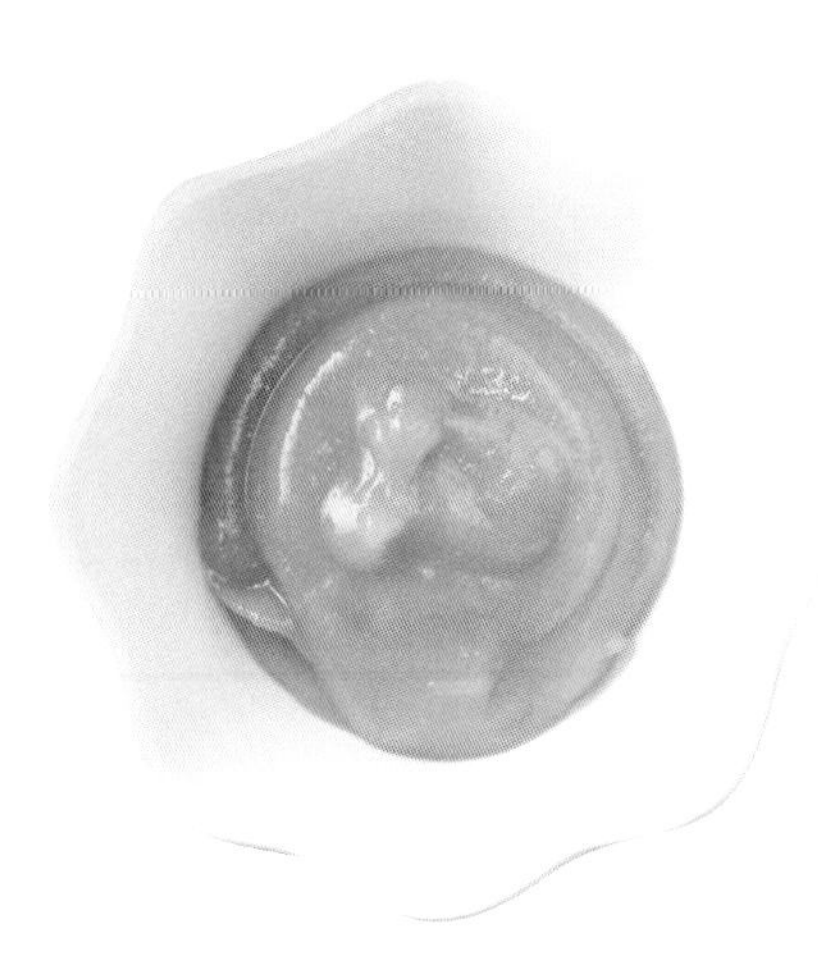

玉味噌

合わせ味噌の基本となるもので、まろやかな甘みとコクがある。和え衣に隠し味的に加え、味を深めることもある。

木の芽味噌

白玉味噌に木の芽を加えた香り豊かな合わせ味噌。青寄せで色鮮やかに仕上げる。春の和え物などに使うことが多い。

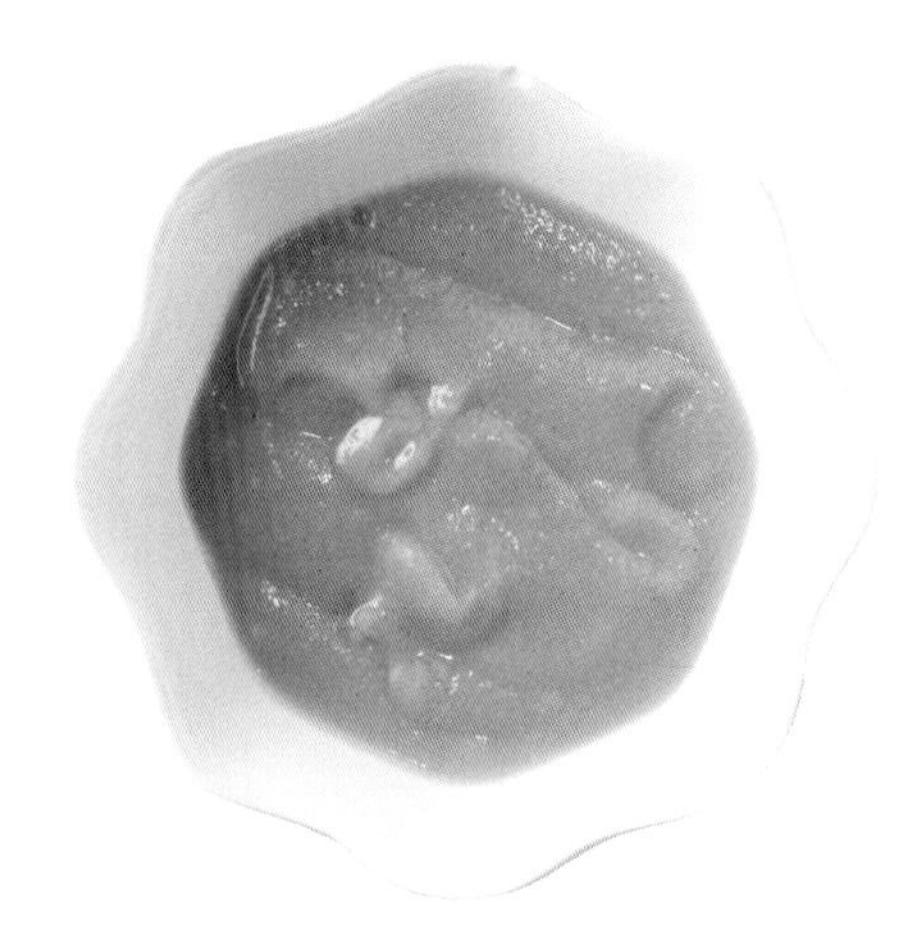

辛子味噌

玉味噌に、練り辛子の辛味をプラス。エビやささ身などのあっさりとした素材に合う。

鉄火味噌

赤味噌を主体として練り上げた玉味噌で、白玉味噌と同様、合わせ味噌のベースになる。特有の風味と辛みが特徴。

イカときゅうりの玉味噌かけ

さっぱりとした味わいのイカときゅうりに、まろやかな玉味噌が好相性。イカは唐草に切ってさっと湯引きし、きゅうりは塩ずりして蛇腹に切って2、3㎝幅にする。玉味噌をしいてイカときゅうりを置き、イクラをのせ、花穂じそを添える。

玉味噌の作り方

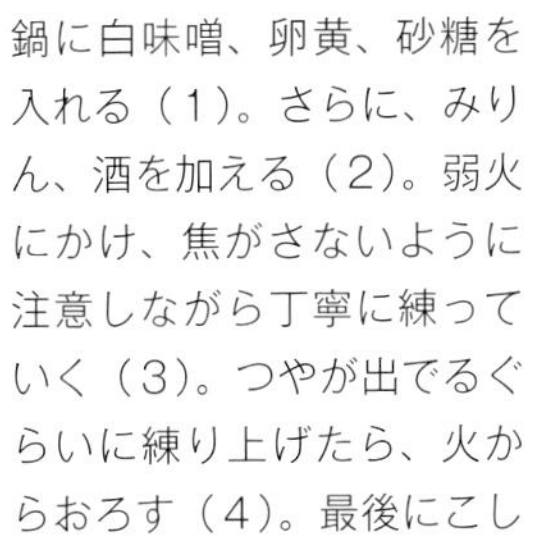

鍋に白味噌、卵黄、砂糖を入れる（1）。さらに、みりん、酒を加える（2）。弱火にかけ、焦がさないように注意しながら丁寧に練っていく（3）。つやが出でるぐらいに練り上げたら、火からおろす（4）。最後にこし器でこして仕上げる（5）。

玉味噌

〈材料／分量〉

白味噌	250g
卵黄	5個分
みりん	50㎖
酒	50㎖
砂糖	75g

※二枚鍋（湯せんにかけて）にして練りあげると、焦げにくく失敗が少ない。

玉味噌のアレンジ

玉味噌に木の芽や柚子といった季節の香味を加えたり、調味料を加えると、幅広く活用することができる。また、赤味噌をベースにした赤玉味噌もあり、こちらは濃厚な味わい。田楽味噌や肉味噌などに利用するとよい。

里芋とこんにゃくの二色田楽

材料

里芋…70g
こんにゃく…35g
けしの実…少量
玉味噌（121頁参照）…10g
◎赤玉味噌…10g

作り方

1 里芋（海老芋）は皮をむいて、食べよい大きさに切り、昆布を入れた熱湯で柔らかく湯がき、素焼きする。
2 こんにゃくは、ひと口サイズに切って茹でる。
3 1の里芋と2のこんにゃくに、赤と白の玉味噌をぬって焼き目をつけて田楽にし、けしの実をふる。

赤玉味噌

〈材料／分量〉

赤味噌	1kg
卵	20個
砂糖	300g
酒	1カップ
みりん	1カップ
カツオ節	50g

※玉味噌（121頁参照）の要領で材料を練り上げて裏漉しにかける。
※クルミ、ごま、唐辛子、ピーナッツなどを加えてもよい。

海老と栗としめじの木の芽味噌和え

木の芽味噌

〈材料／分量〉

玉味噌……50g

木の芽……20枚

青寄せ…小さじ1/2

※すり鉢に刻んだ木の芽を入れてすり合わせたら、玉味噌、青寄せを加え混ぜて色よく仕上げる。

材料

エビ…2尾
栗…2個
しめじ…5g
赤こんにゃく…10g
菊花…適量
◎木の芽味噌…20g

作り方

1 エビは酒塩でボイルし、殻を剥き、頭と尾を取る。
2 栗は湯がく。皮を剥いいて、八方だしで炊く。
3 しめじは石づきを取り、軽く湯がいて八方だしで炊く。
4 菊花は酢水で湯がく。
5 赤こんにゃくは細かく角切りにし、塩もみ7して湯がく。
6 1～5の水気をしっかり取り、ボールに入れて木の芽味噌を加えて和える。
7 器に6を盛りつけ、天に木の芽をあしらう。

青寄せの作り方

すり鉢に青菜（大根の葉）と塩少々を入れる（1）。よくすり合わせて（2）、裏漉しして青汁をとる（3）。これを沸騰した湯に入れ（4）、浮いてきた緑色のものをすくいとる（5）。布巾にとって絞り、手早く冷ます（密閉して冷凍庫で保存可能）（6）。

かますの塩焼き、柚子味噌

材料

カマス(おろし身)…1/4尾
ずいき…30g
青柚子(せん切り)…少量
ねぎ…少量
◎ゆず味噌…大さじ2

作り方

1 カマスは身に軽くふり塩をして、しばらく置いてさっと水洗いして、水気をよくふいてから昆布〆にする。これを焼いて適当な幅に切る。

2 ずいきは皮をむいて細くさき、立て塩につけ、湯がいて冷水に取って冷ます。八方だしに二度漬けして味をなじませて3㎝ぐらいの長さに切り、器に盛って1のカマスをのせ、かもじねぎ、青柚子を添える。

柚子味噌

〈材料／分量〉

玉味噌……100g
柚子皮(裏漉したもの)……小さじ1

※柚子皮を蒸して裏漉しにかけて玉味噌に混ぜる。すぐに使う場合、柚子皮をおろして加え混ぜてもよい。青柚子、黄柚子とも使う。

海老と野菜のピリ辛ソース

材料

エビ（ブラックタイガー）…4尾
茄子（輪切り）…1枚
いんげん…1本
◎ピリ辛味噌…適量
だし…適量

作り方

1 エビは殻をむいて酒煎りする。
2 茄子は1㎝厚さの輪切りにして、素揚げしておく。
3 いんげんは塩茹でして半分に切る。
4 器に1、2、3を見栄えよく盛り、ピリ辛味噌をだしでのばしてソースを作り、まわしかける。

ピリ辛味噌

〈材料／分量〉

玉味噌……………100g
豆板醤……………小さじ3

※玉味噌に好みの量の豆板醤を加え混ぜる。

車海老の山椒味噌

材料

車エビ…3尾
◎山椒味噌…適量
花山椒…適量
片栗の葉・花…各適量

作り方

1 エビは殻をむき、のし串を打って酒を加えた熱湯で湯がいて3、4cm幅に切る。
2 器に茹でた片栗の葉を置いてエビをのせ、花山椒、片栗の花を添えて山椒味噌をかける。

山椒味噌

〈材料〉

玉味噌……100g
花山椒（つぶしたもの）……小さじ1

※花山椒は塩茹でしてすりつぶし、玉味噌に加え混ぜる。

茄子の鶏味噌添え

材料

茄子（小）…1/2本
◎鶏味噌…大さじ2
添え野菜
（人参、かぼちゃ、いんげん、しめじ）
…各適宜

作り方

1 茄子は2、3㎝幅の筒切りにして中をくり抜く。果肉は乱切りにする。皮と果肉は、それぞれ素揚げにする。
2 1の皮に果肉を戻し入れて鶏味噌をかけ、茹でたかぼちゃ、しめじ、いんげんなど、好みの野菜を彩りよく添える。

鶏味噌

〈材料／分量〉

鶏挽き肉……50g
生姜……少々
赤玉味噌（122頁参照）……100g

※鶏挽き肉は、酒少々（分量外）を加えた水でさっと洗って水気を絞り、生姜少々を加えて煎り、裏漉しする。鶏そぼろと温めた赤玉味噌を混ぜ合わせる。

酢味噌

まろやかな玉味噌に酢を適宜加えて酸味をプラスしたもの。ここに練り辛子を加えると辛子酢味噌になり、魚介や野菜を辛子酢味噌で和えた「ぬた」は有名。和えるだけでなく、ソース感覚でかけると、素材の色も引き立ち、見た目にも美しくなる。

海鮮五彩華盛り

材料

ホタルイカ、タチウオ、イカ、車エビ、ホタテなど好みの魚介類…各適量

◎酢味噌…適量

金針菜、あやめうど、じゅん菜、花穂じそ、よりうど、より人参…各適量

作り方

1 ホタルイカは目と口端を取り、だし3、酒1、みりん1、濃口醤油1.5の割で合わせた煮汁（分量外）でボイルして取り出して冷ます。

2 イカとホタテ貝柱は、それぞれ鹿の子に包丁を入れて、酒煎りする。

3 エビは背わたを除いて、霜降り程度に湯に通す。

4 器に1、2、3をバランスよく盛り、添えの野菜をあしらって酢味噌をかける。

酢味噌

〈材料／分量〉

玉味噌	100g
酢	大さじ3
薄口醤油	小さじ1

※玉味噌に酢を少しずつ加えてのばし、とろりと流れる位の濃度に調節し、薄口醤油で味を調える。

秋刀魚の酢味噌がけ

材料

サンマ（炙り）…1/3匹
きゅうり（塩もみ）…10g
枝豆…3粒
酢取りみょうが…1/2本
菊花…少々
人参（もみじ）…1枚
長芋…1切れ
クコの実…1粒
イクラ…適量
◎酢味噌…5g

作り方

1 サンマをおろして骨を抜き、べた塩で15分おく。
2 1を水洗いし、水気を取り、酢に20分漬ける。
3 みょうがを湯がき、甘酢につける。
4 クコの実を水で戻す。
5 菊花を酢水で湯がき、甘酢に漬ける。
6 きゅうりを小口に切り、塩で揉む。
7 2を酢からあげ、バーナーで炙る。
8 器に7を盛り、酢味噌をかけ、3〜6をあしらう。

酢味噌

〈材料／分量〉

玉味噌……100g
酢……大さじ3
薄口醤油……小さじ1

※玉味噌に酢を少しずつ加えてのばし、とろりと流れるぐらいの濃度に調節し、薄口醤油で味を調える。

根かぶの辛子酢味噌がけ

材料

沢庵…5g
白かぶ…10g
赤かぶ…5g
甘酢（104頁参照）…適量
白木くらげ…3g
エビ…少量
三つ葉…1本
ホタテ貝柱…20g
◎辛子酢味噌…大さじ1/2

作り方

1 沢庵はスライスして水にさらして味を抜き、甘酢につける。
2 白かぶ、赤かぶは、それぞれスライスして塩漬けし、さっと洗ってから甘酢に漬ける。
3 ホタテ貝柱は、三枚に切って酒煎りして冷まし、土佐酢でさっと洗う。
4 エビはのし串を打って塩茹でし、冷まして筒切りにする。
5 白木くらげは、水で戻してから湯通しし、甘酢につけておく。
6 1、2、3を彩りよく積み重ね、4のエビをのせて白木くらげを添え、辛子酢味噌をかけ、茹でた三つ葉を結んでのせる。

辛子酢味噌

〈材料／分量〉

玉味噌……100g
酢……大さじ3
練り辛子……小さじ2

※玉味噌に少しずつ酢を加えてのばし、好みの辛さに調節しながら辛子を加え混ぜる。

黄身味噌

まろやかな玉味噌に卵黄をたっぷり配合して、濃厚でコクのある合わせ味噌に仕上げる。酢味噌の味がしっかりとしているので、取り合わせる素材に下味をつけておくと食べ味のバランスがよくなる。

タチウオの博多仕立て、黄身酢味噌がけ

材料

タチウオ…30g
◎黄身酢味噌…小さじ2
人参、筍、大根…各少々
防風…少々

作り方

1 タチウオは、3枚におろして一塩してから洗って水気をふき取り、軽くあぶって短冊に切る。
2 人参、筍、大根はそれぞれ短冊に切り、湯がいてから八方だしにつけておく。
3 1、2を交互に見栄えよく重ねて博多にして器に盛り、黄身酢味噌をかけ、防風を添える。

黄身酢味噌

〈材料／分量〉

玉味噌(121頁参照)……適量
合わせ酢／割合
酢1、薄口醤油1、みりん0.3、塩少々、砂糖0.1、だし2……適量

※玉味噌に合わせ酢を適量加えてクリーム状にのばす。(合わせ酢は、だし以外を合わせてひと煮立ちさせて冷まし、だしを加えたもの。)

アユとごま豆腐の黄身味噌かけ

材料
アユ…1/2尾
ごま豆腐…30g
青ねぎ…少量
◎黄身味噌…大さじ1
岩梨…2、3粒
生姜…少々

作り方
1 アユは3枚におろして、腹骨をすき、皮をひき、一塩したのち、筋目（鹿の子）に庖丁しておく。
2 青ねぎはさっと塩茹でして3、4cm長さに切って水気を絞る。
3 生姜は薄切りにして5×3cmぐらいに切り揃える。

黄身味噌

〈材料／分量〉

玉味噌（121頁参照）	100g
卵黄	5個分

※玉味噌に卵黄を加え混ぜる。または卵黄を茹でたものを裏漉しして玉味噌に混ぜ合わせてもよい。

タコの桜煮黄身味噌あん

材料
タコの桜煮（59頁参照）…30g
はす芋、みょうが…各少々
◎黄身味噌あん…大さじ1

作り方
1 はす芋は半月切りにする。みょうがはたてに細切りにして甘酢に漬ける。
2 タコの桜煮を食べよい大きさに切って器に盛り、黄身味噌あんをかけて1のはす芋とみょうがを添える。

黄身味噌あん

〈材料／分量〉

黄身味噌	適量
薄口八方だし	適量
水溶きの葛粉	少々

※ここでは黄身味噌を薄口八方だし1/2カップでのばし、葛でとろみをつけている。

和え物・ドレッシング

豆腐の白和えやごま和えなど、伝統的な和え物料理は、野菜をおいしく味わう工夫に長けている。身近な旬の野菜に植物性の加工品などを取り合わせることが多く、派手さはないものの、しみじみとした季節の味わいが喜ばれる。それだけに材料の下ごしらえを丁寧に行うことが大切である。

空豆とグリーンピースの白和え

材料

空豆…20g
グリンピース…10g
焼き薄揚げ…少量
煎り卵…少量
白和え衣…適量

作り方

1 空豆はさやから出し、塩をまぶしてしばらくおいてから茹で、冷まして甘皮を取る。
2 グリンピースは塩をふってしばらくおき、水から茹でて、そのまま冷まし、水にさらして塩気を抜き、八方だしにつけておく。
3 薄揚げは軽く焼いておく。
4 茹で卵の卵黄を裏漉しにかけて鍋で空煎りして冷ます。
5 白和え衣で、1〜3を和えて煎り卵をかける。

白和え衣

〈材料／分量〉

豆腐（水きりしたもの）……100g
玉味噌……10g
砂糖……大さじ2
塩……小さじ1/2
みりん（煮きり）……大さじ1
薄口醤油……小さじ1

※豆腐を裏漉しした後、あたり鉢にて練り合わせる。練りごま、煎りごまは用途により加える。この白和え衣に対しては練りごま大さじ1程度。

白和え衣の応用

基本の白和え衣に、ごまや酢、生クリームなどを加えたり、味噌の量を増やすことでも応用が拡がる。和え衣のなかでも、特に白和えはなめらかさが身上なので、提供直前に和えたり、上からかけたりして水っぽくならないよう注意する。

茄子のごまクリームがけ

材料

茄子…80g
人参…少量
エビ…1尾
南瓜…少量
松の実…5〜6粒
グリンピース…2〜3粒
◎ごまクリーム…大さじ1

作り方

1 茄子は庖丁の筋目を入れて油にて揚げ、冷水に取って皮をむき、八方だしで一度さっと焚き、冷めた八方だしに漬け込んでおく。
2 エビは玉酒にて茹で、乱切りとする。南瓜はあられに切り、やわらかく塩茹でにする。松の実は空煎りする。グリンピースは塩茹でして色よく仕上げる。
3 ごまクリームを合わせる。1の茄子のだしを軽く絞り、食べやすい大きさに切って器に盛り、ごまクリームを鞍がけにして、2を天盛りとする。

ごまクリーム

〈材料／分量〉

豆腐	100ｇ
玉味噌	20ｇ
練りごま	大さじ3
みりん	大さじ1
薄口醤油	小さじ1
砂糖	大さじ1
塩	少量
生クリーム	大さじ1

※基本の白和え衣より玉味噌の量を増やしてコクをもたせ生クリームとのバランスを図る。

海老の白酢和え

材料
エビ…2尾
近江こんにゃく…30g
三つ葉…1根
岩茸…少量
◎白酢和え衣…20g

作り方
1 エビはのし串を打って、酒と塩を入れた湯でボイルし、冷まして殻をむき、ぶつ切りにする。
2 近江こんにゃくは1cm角ぐらいに切り、八方だしにさっと通して岡上げにして冷ます。
3 三つ葉は色出しして、1cmぐらいに切る。
4 岩茸は水にて戻して糸切りしたのち、八方だしにて炊いて冷ましておく。
5 1～3を白酢和え衣で和え、天に4を盛る。
＊近江こんにゃくは、赤唐辛子入りのこんにゃく。手に入らない場合は普通のこんにゃくを使ってもよい。

白酢和え衣

〈材料／分量〉

白和え衣	50g
酢	30mℓ

※酢の量は料理や食材によって適宜加減するとよい。

空豆、鶏ささ身、椎茸の白酢和え

材料
空豆…30g
椎茸…1枚
鶏ささ身…5g
鶏ささ身下味
（酒2、みりん1、薄口醤油0.5の割合で合わせたもの）…適量
ひねりごま…適宜
◎白酢和え衣…適量

作り方
1 そら豆は、さやから出して、塩茹でにする。
2 生椎茸は塩をふって素焼きにし、あられ切りにする。
3 鶏ささ身は、下味の調味料に10分程度つけてから、さっとあぶり、細くさいておく。
4 ボールに白酢、1のそら豆、2の椎茸を入れて和え、器にこんもりと盛る。天に3のささ身をのせて、ひねりごまをふる

白酢和え衣

〈材料／分量〉

豆腐（裏漉し）	大さじ1
だし	大さじ1
酢	大さじ2
みりん	大さじ1
塩	少量
砂糖	大さじ1/2

※材料をなめらかに混ぜ合わせる。

海老と枝豆、長芋のごま白酢和え

材料

長芋…5g
枝豆…5g
車エビ…1尾
花甘草(だしにつけたもの)…2粒
◎ごま白酢…大さじ1

作り方

1 長芋は皮をむいて、こんがりと色づぐまで塩焼きし、あられに切る。
2 枝豆は塩茹でにして、さやから出す。
3 車エビは殻をむいて玉酒でさっと茹でて水気をきり、あられに切る。
4 1、2、3とごま白酢を和えて器に盛り、ひねりごまをふって、だしにつけた花甘草を添える。

＊花甘草の扱い
花甘草は水にて軽く洗い、振り塩したのち湯がいて色出しし、冷水にとり、八方だしにつけておく。

こま白酢

〈材料／分量〉

練りごま	10g
酒、砂糖	各小さじ1
塩	少量
豆腐（裏漉し）	5g
酢	大さじ1/2
みりん、薄口醤油	各少量

※練りごまの配合が多いごま白酢となっている。

茄子のごま白酢

材料

茄子…50g
大徳寺麩…10g
こごみ…1本
しめじ…少量
人参…少量
赤芽…少量
◎ごま白酢…適量

作り方

1 茄子は筒切りにし、油にて揚げ、皮をむく。
2 大徳寺麩は湯通しして、八方だしにて炊いて冷ます。
3 こごみは色出しして八方だしにつけておく。
4 しめじ、人参も茹で、八方だしで炊いて冷ましておく。
5 ごま白酢を合わせる。
6 器に1～4を盛り、ごま白酢をかけて赤芽を天盛りとする。

こま白酢

〈材料／分量〉

白和え衣	50g
練りごま	大さじ1
酢	大さじ2

※ここで使用の白和え衣は133頁の白和え衣より砂糖が少なめ(大さじ1)となっている。

海老とトコブシ、穴子のごま白酢かけ

材料

車エビ…1尾
トコブシ…1個
穴子（白焼き）…1/3尾
糸三つ葉…少量
蓮根（甘酢漬け）、煎り卵、花甘草…各適宜
◎ごま白酢…適量
◎吉野酢（117頁参照）…適量

作り方

1 車エビは玉酒で茹でて3等分に切る。
2 トコブシは酒煎りしてそぎ切りにする。
3 穴子の白焼きは3等分に切る。
4 器に1、2、3を盛り、ごま白酢をかける。トコブシには花甘草を、穴子には煎り卵と蓮根を添え、エビには糸三つ葉を結んだものをのせる。最後に全体に吉野酢を少量たらす。

ごま白酢

〈材料／分量〉

練りごま……10g
酒、砂糖……各小さじ1
塩……少量
豆腐（裏漉し）……5g
酢……大さじ1/2
みりん、薄口醤油……各少量

※練りごまの配合が多いごま白酢となっている。

ごま和え衣

ごま和えの衣に味噌や酢を加えると、惣菜のごま和えとは違ったより深い味をつくることができる。そのためにも、ごまは香りが立ってくるまでよく煎り、しっかりとあたりたい。練りごまを使う場合も、ひねりごまを天盛りにして風味よく。

海老といんげんのごま和え

材料

いんげん…30g
エビ…適量
切りごま…適量
◎ごま和え衣…適量

作り方

1 いんげんは色よく茹でて、冷水にとって素早く冷まし、食べよく切る。
2 ごま和え衣で和えて器に盛り、切りごまをあしらい、茹でたエビを前盛りとする。

ごま和え衣

〈材料／分量〉

煎りごま	100ｇ
練りごま	50ｇ
白味噌	10ｇ
砂糖	大さじ3
塩	小さじ1
濃口醤油	大さじ1
みりん	大さじ1

※煎りごまをあたり鉢にてよくすり、練りごま、白味噌を加えてよく練り合わせて、調味料を入れて味を調える。

芹のごま和え

▼材料
芹…1/2把
◎ごま和え衣…適量
クコの実…適宜

▼作り方
1 芹はさっと塩茹でし、水に落として水気をきって3～4㎝幅に切る。
2 1の芹をごま和え衣で和えて器に盛り、戻したクコの実をのせる。

ごま和え衣

〈材料／分量〉

白煎りごま	大さじ3	濃口醤油	大さじ1
白味噌	100 g	塩	少量
みりん	大さじ1	砂糖	少量

※味噌の配合を多くしてよりコクを増した。香ばしく煎ったごまに残りの調味料を加えて混ぜ合わせる。

片栗のおひたし、ごま酢がけ

▼材料
片栗の葉…適量
◎ごま酢…適量

▼作り方
1 片栗の葉は熱湯でさっと茹でて、水気を絞り、5～6㎝幅に切り揃える。
2 器に1を盛り、ごま酢をかける。

ごま酢衣

〈材料／分量〉

玉味噌……大さじ1
当たりごま大さじ1
煎りごま…大さじ1
土佐酢(111頁参照)
……大さじ2

※玉味噌と当たりごまをすり鉢に人れ、上佐酢でのばしながらなめらかにのばす。最後に煎りごまを加える。

和風ドレッシング

和風のサラダ料理は、食材、ドレッシングともに幅広いアレンジが楽しめる。とくに海鮮のサラダは、刺身とはひと味違う、華やかさもあり、酒肴に喜ばれる。根菜、和野菜のサラダや和風の香味を効かせた個性あるドレッシングで魅力ある味づくりを。

海鮮サラダ 利休酢かけ

材料
エビ…2尾
カマス…半身
トリ貝…2枚
イカ…10g
ミニトマト…1個
大根のケン…10g
ラディッシュ…3枚
キャビア…10g
サラダ菜…5枚
◎和風ドレッシング

作り方
1 エビは酒塩でボイルし、殻を剥いて、頭と尾を取る。
2 カマスは下処理し、骨を取り除き、15分ほどべた塩にする。
3 2を水洗いし、20分ほど酢に漬ける。その後、皮目をバーナーであぶる。
4 水洗いしたサラダ菜、ミニトマト、ラディッシュ、大根のケンを器に盛る。
5 4の上に、2と3を盛り込み、あしらいを添える。

ホタテ、サヨリ、エビの酢油和え

材料

ホタテ…10g
サヨリ…10g
エビ…1尾
ホールコーン、グリーンピース…各適量
人参、生椎茸、はす芋…各適量
◎酢油…適量

作り方

1 ホタテはさっと茹でて霜降りにし、横半分に切って一口大に切る。
2 サヨリは大名おろしにし、立て塩につけて水気をふき、酢洗いする。
3 エビは殻をむいてさっと茹で、2cm幅に切る。
4 ホールコーン、グリーンピースは、それぞれさっと湯がいておく。
5 生椎茸は軸をとり、軽く塩をふって素焼きにし、食べよく切る。はす芋は半月形の薄切りに、人参はあられに切る。それぞれをさっと茹でる。
6 ボールに1から5の材料を合わせて酢油で和え、彩りよく器に盛る。

酢　油

〈材料／割合〉

土佐酢(111頁参照)	1
オリーブ油	1
わさび少量	少量

※土佐酢(写真右上)に、オリーブ油を少しずつ加えながら、泡立て器でとろりとするまでよく混ぜ、最後にわさびを加える。わさびの代わりに、しそ、たで、みょうが、山椒などを加えてもよい。

ごま酢

〈材料／分量〉

練りごま	100g
酢	50mℓ
砂糖	60g
みりん	30mℓ
薄口醤油	15mℓ
塩	10g

※材料を合わせて混ぜる。

◎楽しいドレッシングのいろいろ

ドレッシングのおもな材料である酢と油にはいろいろな種類があり、これらを使い分け、さらに香りや風味を加えることで新感覚のサラダをつくることができる。たとえば、油は香りの高いオリーブ油、酢はワインビネガーやりんご酢など。わさびや梅肉、ヨーグルトなどで楽しい風味に。

わさびドレッシング

●材料
りんご酢…1カップ
サラダ油…1カップ
オリーブ油…1カップ
塩…小さじ2
濃口醤油…大さじ5
おろしわさび
…大さじ1

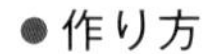

●作り方
りんご酢と油をよく混ぜ合わせて塩、醤油を入れ、わさびを加える。

刺身をわさび風味ドレッシングでサラダ仕立てに。タイ、カンパチ、車エビなどの魚介類と好みの野菜は食べよく切り揃える。魚介類に塩、胡椒、油少量で下味をつけておくと食べる時に水っぽくならない。

味噌ドレッシング

●材料
玉味噌…80g
唐辛子味噌…10g
濃口醤油…大さじ3
酢…1カップ
サラダ油…0.8カップ
オリーブ油…0.2カップ
塩…小さじ2
砂糖…大さじ4

●作り方
玉味噌、唐辛子味噌、濃口醤油をボールに合わせておく。別のボールに油、酢、塩、砂糖をよく混ぜ合わせ、合わせ味噌を加え混ぜる。

しっかりとした味わいは茹で野菜と好相性。里芋、人参、舞茸、カリフラワー、アスパラガス、筍、椎茸、かぶ等、好みの野菜を歯ごたえよく茹で、パプリカ、サニーレタス、クレソンで彩りを添える。

ごま ドレッシング

● 材料

ごま油…0.5カップ
ウォールナッツ油…1カップ
酢…1カップ
塩…小さじ3
胡椒…小さじ1/3
濃口醤油…大さじ4
煎りごま…大さじ2

大根、ラディッシュ、紫玉ねぎ、レタスなど歯触りのよい野菜のサラダに。野菜は水にさらしておくと、シャキシャキ感が増して一層美味しくなる。菊花や貝割れ菜を加えると彩り豊かに仕上がる。

● 作り方

ウォールナッツ油とごま油を合わせ、酢を加えてよく混ぜる。塩、胡椒、醤油で味をつけ、最後に煎りごまを加える。

梅ヨーグルト ドレッシング

● 材料

りんご酢…1カップ
サラダ油…2カップ
塩…小さじ2
胡椒…小さじ1/3
砂糖…大さじ3
白ワイン…大さじ4
白醤油…大さじ4
梅肉…大さじ3
ヨーグルト…2カップ

クリーミィなドレッシングとのバランスを考え、野菜はボリューム感のある切り方にすると食べ味のバランスがよくなる。ここでは大根、人参、紫玉ねぎ、きゅうり、玉ねぎ、ピーマン、レタス、ラディッシュなどを取り合わせた。

● 作り方

酢、油、塩、胡椒、砂糖をよく混ぜ合わせ、白ワイン、白醤油を加え混ぜる。ヨーグルトと梅肉を合わせる。

梅しそ ドレッシング

● 材料

べに花油…1カップ
米酢…0.5カップ
ワインビネガー…0.5カップ
梅肉…大さじ2
塩…大さじ1
胡椒…小さじ1/2
薄口醤油…大さじ2
大葉…30枚

爽やかな梅しそ風味のドレッシングに淡泊なかぶをメインに取り合わせたさっぱりとした味わいのサラダ。人参や玉ねぎも加えると見た目にも楽しく、食べ味に拡がりが出る。かぶの他にも、大根やきゅうり等もよく合う。

● 作り方

大葉は刻んでガーゼに包み、流水でアク抜きして水気を絞る。べに花油と酢、ワインビネガーをよく混ぜ合わせ、梅肉、塩、胡椒、醤油を加え、刻んだ大葉を加える。

三色そうめん

●材料／素麺・梅素麺・卵素麺各 20 g　ウナギの蒲焼き 10 g　芝エビ 1 尾　オクラ 1/2 本　絹さや 1 枚　そうめんつゆ 1/2 カップ

●作り方／ウナギの蒲焼きは食べよい大きさに切り、芝エビは塩と酒を入れた熱湯で茹でて殻をむく。オクラと絹さやは塩茹でする。素麺はそれぞれ色が混ざらないように茹で、冷水にとってぬめりをとり、水気をきる。彩りよく盛って冷やしたそうめんつゆを添える。

そうめんつゆ

〈材料／割合〉煮干しだし…1　干し貝柱のだし…1　干しエビのだし…1　だし…3　みりん…1　薄口醤油…0.5 濃口醤油…0.5

※つゆのおいしさが味を決める素麺では、煮干しや干し貝柱、干し海老の濃厚な旨みを加える。一番だしのみを使うなら追いガツオをして旨みを補う。

彩り花火そうめん

●材料（5 人分）／素麺三種（卵素麺、梅素麺など）各 100g　カニのほぐし身 50g　干し椎茸の旨煮 5 枚　人参 30g　ヤングコーン 2 本　茄子 1/2 本　しめじ 1/2 パック　絹さや 5 枚／みょうが 1 本　青ねぎ 1 本　変わりめんつゆ適量

●作り方／カニはほぐし身にしたものを用意し、干し椎茸はせん切りに、人参とヤングコーンは茹でて、茄子は輪切りにしてさっと素揚げにする。しめじと絹さやは茹でる。みょうがはせん切りに、青ねぎはかもじねぎにする。素麺を茹でて大皿に盛り、具を彩りよく散らし、変わりめんつゆを添える。

変わりめんつゆ

〈材料／分量〉そうめんつゆ…2 1/2 カップ　ポン酢…大さじ 2 1/2　玉味噌…15 g　豆板醤…2 g　ひねりごま…5 g　おろし玉ねぎ…大さじ 1

かき揚げざるうどん

●材料／うどん 50g　青ねぎ少量　かき揚げ（エビ 40g　人参 5g　玉ねぎ 10g　茄子 10g　いんげん 10g　天ぷら衣適量）　つけめんつゆ 1/2 カップ　薬味（青ねぎ・煎りごま・おろし大根各少量）

●作り方／背ワタを取って殻をむいたエビは、軽く庖丁を入れて腰が曲がらないようにし、野菜はそれぞれせん切りにし、エビと野菜を合わせて打ち粉をしてつなぎ程度に天ぷら衣を加え、かき揚げにする。うどんはたっぷりの湯で茹でてよく洗い、ザルに上げ、せん切りにした青ねぎをのせ、かき揚げを添える。別につけめんつゆと薬味を、添える。

つけめんつゆ

〈材料／割合〉煮干しだし…8　みりん…1　濃口醤油…0.8　たまり醤油…0.2　砂糖…0.1　塩…少量

※うるめ煮干しを使った煮干しだしを用いる。だし 8 に対してみりん 1、醤油 1。濃口とたまり醤油を使って濃いめの味にする。

あんかけそば

●材料／茶蕎麦 50g　牛肉 20g　煮汁（だし 4、酒 1、みりん 1、濃口醤油 1、砂糖 0.5 で合わせたもの）適量　生姜少量　白ねぎ 1/2 本　みぶ菜少量　かけめんつゆ 2 カップ　水溶き葛粉大さじ 1　青ねぎ少量

●作り方／牛肉は、煮汁を煮立ててスライスした生姜を加えたところへ入れ、さっと火を通す。白ねぎは焼き目をつけてかけめんつゆに漬けておき、みぶ菜は塩を少量加えて茹でる。茶そばはたっぷりの湯で茹でて、かけめんつゆに水溶き葛粉を加えてとろみをつけたつゆを張り、糸切りにした青ねぎを天盛りにする。

かけめんつゆ

〈材料／割合〉煮干しだし…16　みりん…0.5　薄口醤油…1　塩・砂糖…各少量

※個性の強いそばのつゆには少し雑味のある煮干しだしが向く。

ご飯の料理

鶏釜飯

●材料／鶏肉20g　椎茸1枚　しめじ10g　なめこ10g　油揚げ少量　炊き込みご飯のだし1カップ　米1カップ　三つ葉少量

●作り方／鶏肉は細かく切って、さっと湯に通す。椎茸としめじはそれぞれ石づきを取り、細かく切って湯通しする。なめこと細く切った油揚げも同様に湯通しする。これらの具を炊き込みご飯のだしで煮て味を含ませ、研いでザルに上げておいた米と、この煮汁を米と同量を入れ、煮た具をのせて炊く。炊き上がったら、ざっくりと混ぜて蒸らし、細かく切った三つ葉をのせる。

炊き込みご飯のだし

〈材料／割合〉だし…15　酒…1　みりん…0.8　薄口醤油…1　塩…少量

※松茸ご飯、筍ご飯の場合は少しだしを多めに。だし16、酒1、みりん0.8～0.5、薄口醤油1、塩少量くらいに合わせる。

雑炊

●材料／ご飯100g　しめじ20g　こんにゃく10g　油揚げ少量　人参10g　雑炊のだし3カップ　卵2個　青ねぎ少量

●作り方／しめじは石づきを除き、こんにゃくと油揚げ、人参は細切りにする。これらをそれぞれ下茹でしてから、雑炊のだしで煮る。野菜が煮えたら水で洗ったご飯を入れて煮立たせ、溶き卵を注ぎ入れてすぐに火を止める。軽く混ぜて蓋をして蒸らし、小口に切った青ねぎを天盛りにする。

雑炊のだし

〈材料／割合〉だし…10　酒…1　みりん…0.5　薄口醤油…0.5　塩…少量

※雑炊のだしには、だし10で合わせる薄口八方だしよりやや薄めの味に仕立てる。

雑炊をおいしくつくるコツ

- ご飯は水で洗ってぬめりを取り除く。
- 鍋のあとでは、鍋地を足してからご飯を加える。
- 沸騰したのちはていねいにアクを除く。
- 卵は穴あきお玉を通すとまんべんなく行き渡る。

精進風にぎりずし

●材料／すし飯1/2カップ分　茄子20g　生揚げ1/4枚　生姜酢適量　板こんにゃく20g　かんぴょう10g　甘酢適量　三つ葉2本　生姜の甘酢漬け10g　白ごま少量

●作り方／茄子は輪切りにして素揚げにし、軽く塩を振り、生揚げはさっとあぶって適当な大きさに切り、それぞれ白ごまを混ぜてにぎったすし飯の上にのせ、生姜酢をぬって照りを出す。こんにゃくはさっと茹でて厚みの半分に庖丁を入れ、この中にすし飯をつめる。かんぴょうは水で戻して甘酢に漬け、適当な大きさに切り、にぎったすし飯の上にのせ、茹でた糸三つ葉で結ぶ。これらのにぎりずしを器に盛り、生姜の甘酢漬けを添える。

すし酢

〈材料／割合〉酢…1カップ　砂糖…150g　塩…45g　爪昆布（5㎝角）…1枚

※この分量で米1升分のすし飯ができる。材料を合わせて一度煮立て、これを冷ましたものを使う。

だし巻き玉子

●材料／卵地（卵２個／だし大さじ２／薄口醤油小さじ１／みりん・塩各少量）／大葉１枚／生姜の甘酢漬け少量／染めおろし小さじ１
●作り方／卵を溶きほぐし、だしと薄口醤油、みりん、塩を加える。卵焼き鍋を充分に熱して油を薄くひき、卵地を少量流して全体に広げ、焼けてきたら奥から手前に巻き込む。これを奥にすべらせ、さらに卵地を流して同様に巻き込む。これを何度か繰り返して焼き上げ、焼き上がったら巻きすに取り、軽く押さえて形を整える。これを食べよい大きさに切り、器に盛って大葉と生姜の甘酢漬け、染めおろしを添える。

卵地

〈材料／分量〉卵…２個　だし…大さじ２　薄口醤油…小さじ１　みりん・塩…各少量
※卵地にはだしをたっぷり加え、調味料は控えめにする。卵をかき混ぜすぎるとコシがなくなるので、軽く溶きほぐすようにする。

シラウオの伝宝焼き

●材料／シラウオ 40 ｇ／ごぼう 20 ｇ／絹さや２枚／卵地１カップ／粉山椒少量
●作り方／シラウオは立て塩につけてからさっと霜降りし、ごぼうはささがきにして米のとぎ汁で茹でてから八方だしに漬ける。鍋にささがきごぼうを敷いてシラウオを盛り、卵地を張って弱火で蒸し焼きにする。色出しして細切りにし、八方だしに漬けた絹さやをのせ、粉山椒を振って仕上げる。

卵とじの卵地

〈材料／分量〉卵…３個　だし…２カップ　酒…大さじ１　みりん…大さじ 1/2　薄口醤油…小さじ１　塩…小さじ 1/3
※淡白なシラウオの持ち味を引き立てるよう、薄味に調える。

しんじょ

●材料／白身魚のすり身 50 ｇ／昆布だし 1/4 カップ／酒大さじ１／山芋 20 ｇ／玉子の素大さじ３
●作り方／白身魚のすり身をあたり鉢でよくあたり、昆布だしと酒、とろろにした山芋を加えてさらにあたる。玉子の素を加えてよく混ぜ合わせたら、流し缶に流して蒸し上げる。

玉子の素

〈材料／分量〉卵黄…３個　サラダ油…１カップ　塩…少量
※卵黄をよく溶き混ぜてからサラダ油を少しずつ加え、白っぽくなめらかになるまでよくかき混ぜ、塩で味を調える。しんじょに玉子の素を加えると、ふんわりとした口当たりになる。これを魚介などの上にかけて、焼き物にもする。

第4章 創作たれ・ソースの技術

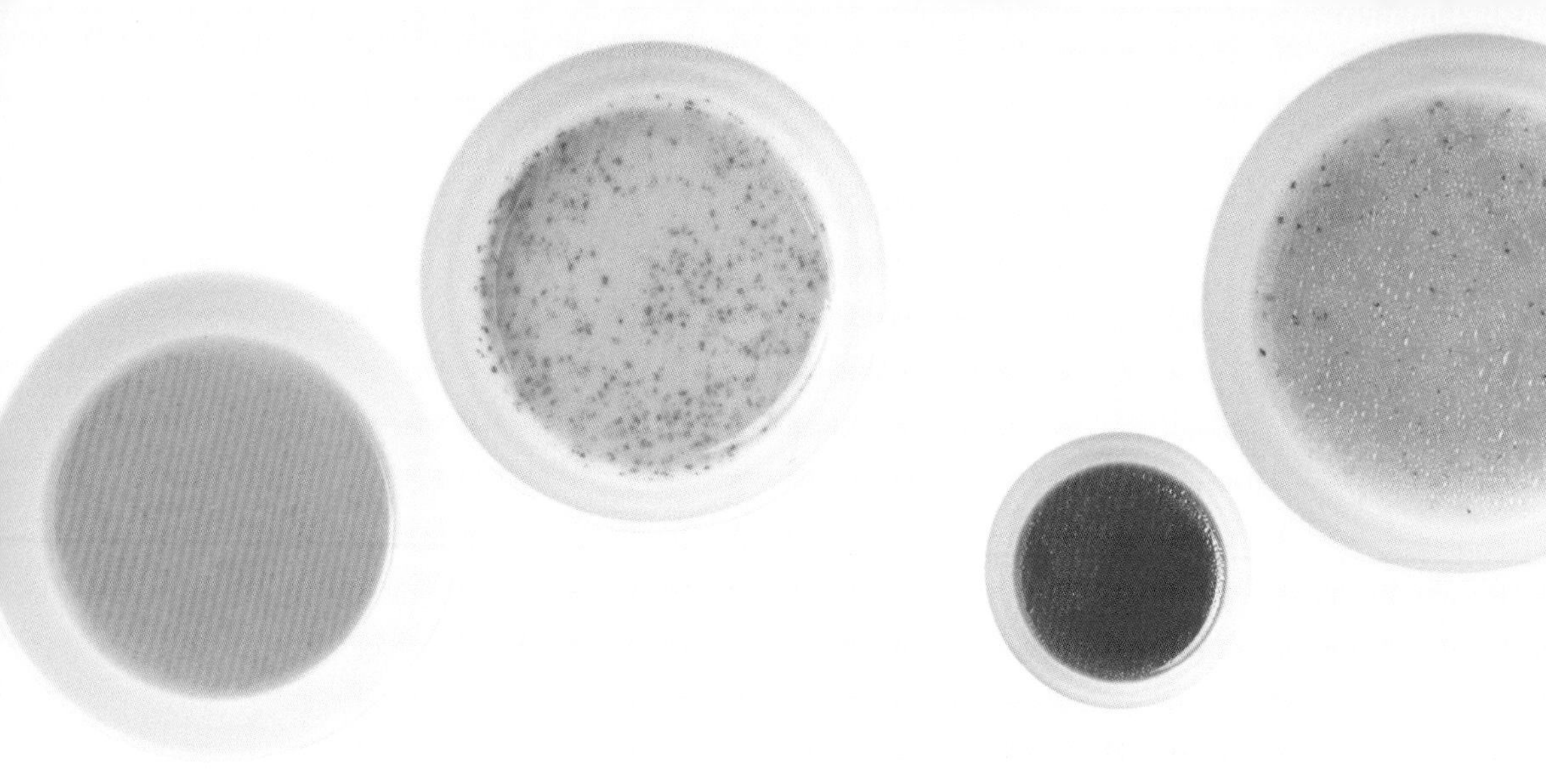

創作料理をつくる上で、いろいろな手法がある。料理の素材の組み合わせ、これまでにない新しい味つけ、器使いの変化、盛りつけの斬新さ…などあるが、もう一つ有力な手法が創作性のあるソースやタレの開発だ。従来の合わせ調味料でつくる料理に、創作ソースやタレをかけたり、つけダレやソースとして添えることで、新しい味わいの創作料理を作り上げることができる。

創作のタレやソースは、単にこれまでにない素材を合わせたり、奇抜な新しい味をつくればいいわけではない。料理や素材との相性、調理の手法との組み合わせを考えてつくっていくことが大切である。和風のタレ　に粒マスタードを加えて肉料理に合わせる、鍋料理を赤味噌ソースでつけて味わうようにする、野菜料理をトマトだしでつくる…など、より味わいを深め、お客様に新しい感動ををもたらしていくことが大切なのである。

＊作り方は168頁

明石鯛 塩釜焼き

旨みが閉じ込められたタイに、ウニのコクを生かした醤油でさらなる美味しさを

ウニ醤油

〈材料／分量〉

濃口醤油……1カップ
だし……100㎖
酒……大さじ1
生ウニ……50g

※生ウニ以外の材料を合わせてひと煮立ちさせ、裏ごしした生ウニと合わせる。

＊作り方は168頁

紅葉彩錦和え ごまダレソース

和風ゴマドレッシングの風味で、色とりどりの野菜を楽しむ

ごまダレソース

〈材料／分量〉

練りごま……60g
薄口醤油……40㎖
みりん……大さじ２
酢……50㎖
だし……50㎖

※すべての材料を混ぜ合わせる。

柿の利休和え

豆腐とゴマソースを合わせた和え衣が、味に深みをつくる

＊作り方は168頁

松葉蟹のみぞれジュレがけ 玉味噌ソース添え

松葉ガニを土佐酢のみぞれジュレで、アワビをまろやかな玉味噌ソースで

＊作り方は168頁

玉味噌ソース

〈材料／分量〉

玉味噌	100g
だし	50mℓ
薄口醤油	小さじ1

※玉味噌（白味噌250g、卵黄5個、みりん50mℓ、酒50mℓ、砂糖75g）をだしでのばし、とろりとしてきたら、薄口醤油で味をととのえる。

甘鯛の野菜巻き カレータルタルソース添え

野菜を巻いたアマダイの上品な揚げ物を、カレータルタルソースで洋風味に仕上げる

＊作り方は169頁

カレータルタルソース

〈材料／割合〉

マヨネーズ	1
茹で卵（刻んだもの）	1
ピクルス（刻んだもの）	1
パセリ（刻んだもの）	0.5
レモン汁	少量
カレー粉	適量

玉味噌菊花あん

〈材料／分量〉

玉味噌	50g
菊花あん	大さじ2

ふろ吹き大根 玉味噌菊花あんかけ

菊花を混ぜ合わせたあんをかけて、シンプルな料理に華やかさを加える

＊作り方は169頁

＊作り方は169頁

梨釜の土佐酢ジュレ和え

フルーツのほんのりした甘味を、上品な土佐酢ジュレの酸味が引き立てる

土佐酢ジュレ

〈材料／分量〉

土佐酢……180㎖

粉ゼラチン……2g

※土佐酢（だし3、酢3、薄口醤油1、みりん1、砂糖0.2、塩少々、カツオ節適量）を煮立て、水で戻した粉ゼラチンを加えて混ぜ、冷蔵庫で冷やす。

海鮮盛り パプリカソース添え

ビタミンやカロテンの豊富なソースで、サラダ感覚のヘルシー料理に

パプリカソース

〈材料／分量〉

黄パプリカ	1個
サラダ油	1カップ
ワインビネガー	1/2カップ
塩	小さじ1
胡椒	小さじ1/4

※黄パプリカは細く切り、他の材料とともにフードプロセッサーに入れて拡販する。

＊作り方は169頁

サーモンの焼き霜親子のせ オニオンソース

脂ののったサーモンと、
オニオンソースの相性を楽しむ

＊作り方は170頁

オニオンソース

〈材料／分量〉

玉ねぎ（みじん切り）	90g
塩・胡椒	適量
マスタード	20g
レモン汁	大さじ1
白ワイン	大さじ1
オリーブ油	90㎖

※オリーブ油をのぞくすべての材料を混ぜ、オリーブ油を少しずつ入れながら混ぜ合わせる。

カンパチ炙り ポン酢がけ

カンパチのおいしさを引き出す
シンプルなポン酢ソース

＊作り方は170頁

＊作り方は170頁

サーモン西京焼 じゃがいもソースがけ

玉味噌を活用して、じゃがいものソースにコクと旨みを加え、西京焼きの味わいを深める

じゃがいもソース

〈材料／割合〉

じゃが芋（裏ごし）	1
マヨネーズ	1
塩・胡椒	少量
玉味噌	0.1

※じゃがいもは蒸して裏ごしする。調味料を加えて、混ぜ合わせる。

＊作り方は171頁

焼き松茸のし海老添え みぞれポン酢

大根おろしを加えたポン酢が料理にからんで、さっぱりしたおいしさに

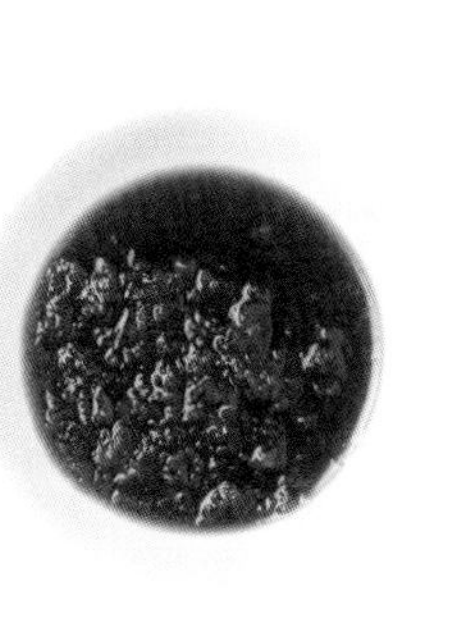

みぞれポン酢

〈材料／分量〉

ポン酢（116頁を参照）………100mℓ

大根おろし………大さじ３

※すべての材料を混ぜ合わせる。

＊作り方は171頁

鴨の炙り焼き
粒マスタードソース

鴨肉のコクと脂の旨みを、
酸味のあるマスタードソースで引き立てる

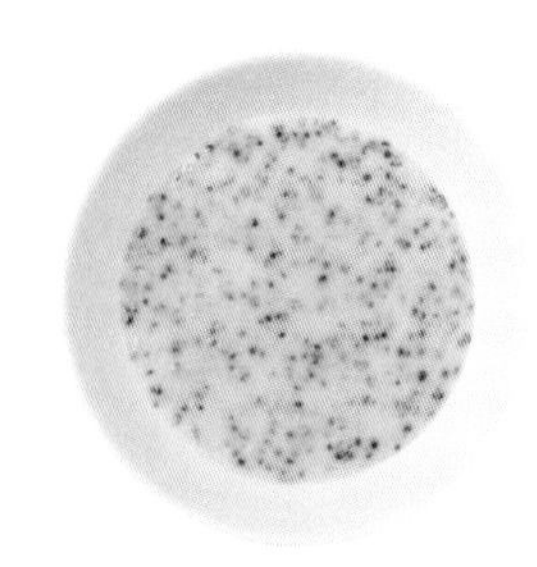

粒マスタードソース

〈材料／分量〉

粒マスタード……大さじ2
白ワインビネガー……大さじ4
サラダ油……100㎖
塩・胡椒……適量

※サラダ油以外の材料を混ぜ合わせ、最後に少しずつサラダ油加えながら混ぜる。

サロインステーキ 木の芽ソースがけ

ステーキに木の芽の香り高い味噌ソースかけて、和風味のやさしい味にする

＊作り方は171頁

木の芽ソース

〈材料／分量〉

玉味噌	50g
木の芽	20枚
青寄せ	小さじ1/2

※すり鉢に刻んだ木の芽を入れてすり合わせたら、玉味噌、青寄せを加えて混ぜて色よく仕上げる。

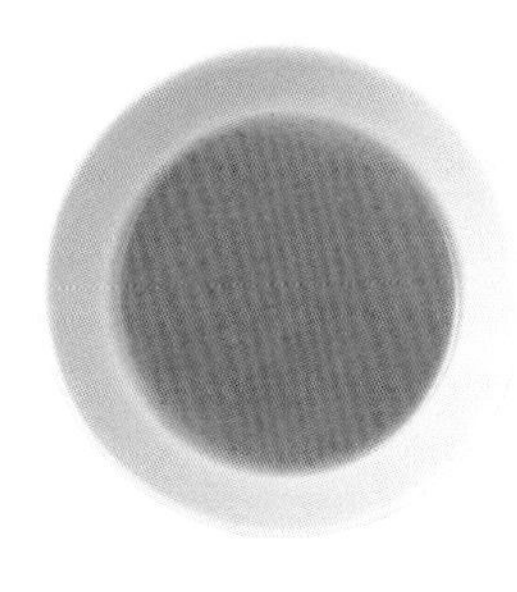

ノドグロの塩焼き 木の芽ソース

香り高いさわやかな木の芽ソースで、季節感を高める

＊作り方は171頁

＊作り方は172頁

南瓜釜蒸し　フレンチソース添え

さわやかな酸味が特徴のフレンチソースを添えて、洋風味の魅力をプラス

フレンチソース

〈材料／分量〉

サラダ油……1カップ
ワインビネガー……1/2カップ
塩……小さじ1
胡椒……小さじ1/4

＊作り方は172頁

鶏の豆腐けんちん蒸し 梅肉ドレッシング

淡白な味わいの蒸し料理に、
さわやかな梅肉ドレッシングが合う

梅肉ドレッシング

〈材料／割合〉

土佐酢	1
梅肉	1
玉ねぎ（刻んだもの）	0.5
砂糖	適量
オリーブ油	0.5

※オリーブ油以外すべてを混ぜ合わせ、オリーブ油を少しずつ入れて攪拌する。

茄子と甘唐辛子の海老しんじょ射込み トマトあんかけ

トマトあんの酸味で、
イタリアン風味のおいしさを日本料理に

トマトあん

〈材料／割合〉

だし	11
トマトピューレ	1
薄口醤油	1
みりん	1
にんにく（すりおろし）	少量
トマトケチャップ	少量
くず粉	適量

＊作り方は172頁

鹿肉のジビエシチュー ウコンソース添え

ヘルシーなジビエ肉に、
ヘルシーなウコンを使ったソースを合わせる

ウコンソース

〈材料／分量〉

フレンチドレッシング ……1/2カップ

ウコンパウダー ……大さじ2

※ウコンパウダーを湯に溶かし、フレンチドレッシングと混ぜ合わせる。

＊作り方は173頁

＊作り方は173頁

鹿鍋 赤味噌ソース

脂身の少ないさっぱりした味の鹿肉を、
コクのある赤味噌ソースで食べる

赤味噌ソース

〈材料／分量〉

赤味噌	50g	濃口醤油	5mℓ
酒	10mℓ	だし	15mℓ

料理の材料と作り方

第1章　味づくりの基本

神戸牛変わり蒸し

カラー13頁

◤材料
神戸牛（ロース）…50g
白菜…1/3枚
しめじ…10g
舞茸…10g
パプリカ…5g
白ねぎ…5g
もみじ麩…1枚
◎ごまダレ
◎ポン酢

◤作り方
1 白菜、パプリカ、白ねぎは水洗いし、しめじ、舞茸は根元を切り落とし、下茹でする。
2 肉に塩・胡椒し、30分ほどおく。
3 **1**と**2**を器に盛り、蒸し器で15分ほど蒸す。
4 ポン酢とごまダレを添えて、提供する。

若鶏の岩塩焼き

カラー13頁

◤材料
鶏肉（もも）…100g
酢取りみょうが…2本
きゅうり…1/3本
いちょう南瓜…1枚
山いも…5g
すだち…1/2個

◤作り方
1 みょうがを湯がき、おか上げする。冷めたら、甘酢に漬ける。
2 きゅうりは小口に切り、塩（分量外）で揉む。
3 南瓜をもみじ型で抜きし、湯がいて炊く。
4 山いもをさいの目に切る。
5 すだちを半分に切り、種を取って切り込みを入れる。
6 鶏肉は切り込みを入れ、一口大に切る。岩塩少々、みりん少々、酒大さじ1と混ぜ、鶏の臭みを取るとともに肉を柔らかくする。30分ほどおき、フライパンでこんがり焼く。
7 **6**を器に盛り、**1**～**5**を盛りつける。

美酒鍋

カラー15頁

◤材料（4人前）
タイ…1/2尾
イカ…1/2パイ
カキ…4個
伊勢エビ…1尾
白菜…200g
玉ねぎ…100g
椎茸…小4個
人参…100g
春菊…1/2束
もみじ麩…8個
◎鍋地

◤作り方
1 伊勢エビは下処理し、ボイルする。食べやすいように頭と尾を切り離し、縦半分にカットする。
2 タイは頭を1/4に割り、霜ふりして氷水につける。冷めたら包丁やスプーンなどでウロコを取る。身は人数に合わせて切り分ける。
3 イカはぶつ切りにする。
4 カキは塩水で軽く混ぜるように洗い、その後、水ですすぐ。
5 白菜は食べやすい大きさに切る。
6 玉ねぎは輪切りにする。
7 椎茸は軸を取る。
8 人参はピラーで皮を剥き、その後ピラーで薄く剥いていく。
9 春菊は軸から葉を切り離す。
10 もみじ麩は棒状の場合、1㎝厚に切り、水につける。
11 土鍋に**1**～**10**を盛りつけ、鍋地を入れる。演出として、客前で酒を鍋に入れてもよい。

鍋地
〈材料／割合〉
だし…10
酒…4
薄口醤油…1
みりん…1
塩…適量

秋刀魚酢味噌がけ

カラー23頁

◤材料
サンマ（炙り）…1/3尾
きゅうり（塩もみ）…10g
枝豆…3粒
酢取りみょうが…1/2本
菊花…少々
人参（紅葉）…1枚

長芋…1切れ
クコの実…1粒
イクラ…適量
◎酢味噌…5g

▼作り方

1 サンマをおろして骨を抜き、べた塩で15分おく。
2 1を水洗いし、水気を取り、酢に20分漬ける。
3 みょうがを湯がき、甘酢につける。
4 クコの実を水で戻す。
5 菊花を酢水で湯がき、甘酢に漬ける。
6 きゅうりを小口に切り、塩で揉む。
7 長芋は皮をむいて一口大に切る。
8 2を酢からあげ、バーナーで炙る。
9 器に7を盛り、酢味噌をかけ、3～6をあしらう。

カラー25頁

海鮮サラダ フレンチドレッシング

▼材料

エビ…2尾
カマス…半身
トリ貝…2枚
イカ…10g
ミニトマト…1個
大根のケン…10g
ラディッシュ(スライス)…3枚
キャビア…10g
サラダ菜…5枚
◎フレンチドレッシング

▼作り方

1 エビは殻を剥き、湯がく。
2 イカをおろし、食べやすい大きさに切り、湯がく。
3 カマスをおろし、骨を抜き、べた塩で15分ほどおく。
4 3を水洗いし、水気を取り、20分ほど酢に漬ける。酢からあげて、バーナーで炙る。
5 水洗いしたサラダ菜、ミニトマト、ラディッシュ、大根のケンを器に盛る。
6 5の上に1と2とトリ貝を盛り込み、あしらいをのせる。

フレンチドレッシング

〈材料／分量〉
サラダ油…1カップ
ワインビネガー…1/2カップ
塩…小さじ1
胡椒…小さじ1/4

カラー27頁

合鴨ロース マスタード焼き

▼材料

合鴨(ロース)…70g
ベビーリーフ…50g
ハス芋…5g
パプリカ…少々
きゅうり…1/5本
マスタード…適量

▼作り方

1 塩をした合鴨の皮に切り目を入れ、フライパンで皮目を焼き、脂を出す。
2 1を裏返し、身も焼き、常温で冷ます。冷めたら、食べやすい厚さにスライスする。
3 パプリカ、きゅうり、ベビーリーフ、ハスいもを水洗いして切る。
4 ベビーリーフを敷き、2を盛る。
5 4に他の1の野菜を盛り、マスタードをのせる。

カラー27頁

海苔こんにゃくの 辛子酢味噌

▼材料

海苔こんにゃく刺身…4切れ
エビ…1尾
イクラ…少々
きゅうり…1/5本
長芋…5g
酢取りみょうが…1/3本
菊花…少々
クコの実…3粒
大根のケン…適量
◎辛子酢味噌

▼作り方

1 エビは殻を剥き、酒塩で茹でて、冷ます。
2 きゅうりを小口に切り、塩揉みする。
3 長芋を大原木切りにする。
4 みょうがを湯がき、甘酢に漬ける。漬かったら輪切りにする。
5 菊花は酢水で湯がき、甘酢に漬ける。
6 クコの実は水に1晩漬けて戻す。
7 大根はかつら剥きし、ケンにする。
8 刺身こんにゃくを軽く霜降りにする。
9 1～8を器に盛り込み、辛子酢味噌をかける。

辛子酢味噌

〈材料／分量〉
玉味噌…100g
酢…大さじ3
練り辛子…小さじ2
＊玉味噌に少しずつ酢を加えてのばし、好みの辛さに調節しながら辛子を加えて混ぜる。

明石鯛　塩釜焼き

カラー149頁

材料

タイ…1尾
塩釜
（あら塩1kg・卵白2個・ハスの葉1枚）
◎ウニ醤油

作り方

1 タイは水洗いし、全体に塩をして30分ぐらい置き、塩を洗い落す。
2 1をハスの葉で包み、卵白を混ぜ合わせた塩を鯛の形に整えた塩釜をつくり、オーブンで30〜40分焼く。

紅葉彩錦和え　ごまダレソース

カラー150頁

材料

きゅうり…1/2本
南瓜…スライス10枚
大根…5cm長さ1本
人参…1/3本
白ねぎ…1/3本
菊花…2輪
赤芽…少々
みょうが…3個
ナッツ…10g
クコの実…6粒
スダチ…1個
タイ上身…100g
紅葉人参…2〜3枚
針打南瓜（スライス）…10枚
◎ごまダレソース

作り方

1 きゅうり、南瓜、大根、人参、白ねぎ、みょうがはケンのように細切りし、水にさらしてから水気をきる。
2 菊花は花弁をばらし、赤芽を水洗いする。
3 タイの上身は細切りする。
4 ナッツはフライパンで空煎りして、きざむ。
5 大皿にすべての野菜を順番に盛りつけ、真ん中に3を盛り、4、スダチ、その他の材料を盛りつける。

柿の利休和え

カラー151頁

材料

柿…1個
きのこ…10g
菊菜…1/2束
松の実…2〜3粒
人参（紅葉）…1枚
◎和え衣

作り方

1 柿は天を残して切り、くり抜いて柿釜をつくる。くり抜いた実はさいの目に切る。
2 きのこ、菊菜は茹でて、吸地八方だしにつけておく。松の実は空煎りしておく。
3 1の柿の実と2を和え衣とともに混ぜ合わせ、1の柿釜に盛り、松の実と紅葉型人参を天に飾る。

和え衣

〈材料／分量〉
豆腐…100g
ごまダレ…50㎖
＊水切りした豆腐を裏ごしして、すり鉢よく当たり、ごまダレソースとよく混ぜ合わせる。

吸地八方だし

〈材料／分量〉
だし…4カップ
塩…小さじ0.8
酒…小さじ1
薄口醤油…小さじ0.5

松葉蟹の　みぞれジュレがけ　玉味噌ソース添え

カラー151頁

材料

松葉ガニ（足）…2本
アワビ…60g
モロッコいんげん…1本
いちじく…1/6個
菊花…1輪
レモン
みぞれジュレ
（※土佐酢ジュレ・大根おろし大さじ1）
◎玉味噌ソース

作り方

1 松葉ガニ（足）は茹でて殻をむき、

そうじしてカットする。

2 アワビは酒蒸し、適当な大きさに切る。
3 菊花は茹でて、甘酢につける。
4 モロッコいんげんは塩茹でし、吸地八方だしにつけておく。
5 1から4を器に盛合わせ、みぞれジュレをかける。玉味噌ソースを添える。

土佐酢ジュレ
〈材料／分量〉
土佐酢…180㎖
粉ゼラチン…2g
＊土佐酢（だし3、酢2、薄口醤油1、みりん1）を煮立て、水で戻した粉ゼラチンを加えて混ぜ、冷蔵庫で冷やす。

甘鯛の野菜巻き カレータルタルソース添え

カラー152頁

◤材料
甘ダイ…60
人参…適量
パプリカ…少量
万能ねぎ…適量
黄人参…適量
茹で卵…1/2本
オクラ…1/4
シャドークイーン…少量
（紫じゃがいも）
レモン…少量
◎カレータルタルソース

◤作り方
1 甘ダイの上身を薄くそぎ切りにし、塩・胡椒をする。
2 人参と黄人参は甘ダイの幅に合わせて拍子切りにし、茹でておく。皮をむく。
3 万能ねぎも甘ダイの幅に合わせて切る
4 1の甘ダイに2の人参と黄人参、3の万能ねぎをのせて巻き込み、串を打つ。
5 打ち粉をし、溶き卵、パン粉をつけて170℃の油で揚げ、揚がったら串は抜いておく。
6 茹で卵は吸い地八方だしにつけておく。それを半分に切り、底の丸い部分を少し切って平らにする。
7 パプリカは星型で抜き、茹でて吸地八方だしにつける。
8 シャドークイーンは小さめにくし切りにし、蒸して吸地八方だしにつける
9 オクラはそうじをし、茹でてすぐに氷水で冷やす。冷めたら、吸地八方だしにつけ、適当な大きさに切る。
10 レモンは1/4にカットする。
11 材料をそれぞれ皿に盛り付け、カレータルタルソースを添える。

ふろ吹き大根 玉味噌菊花あんかけ

カラー152頁

◤材料
大根（1人前）…1切れ
ごま豆腐…10g
芝エビ…1尾
ぎんなん…2個
しめじ…5g
モロッコいんげん…1本
◎玉味噌菊花あんかけ

◤作り方
1 大根は六方にむいて、中をくり抜いて、米のとぎ汁で茹で、八方だしで煮ておく。
2 芝エビは竹串を刺してボイルし、皮をむく。
3 ぎんなん、しめじ、モロッコいんげんを茹で、吸地八方だしにつけておく
4 ごま豆腐は裏ごしし、1の大根の釜に詰めて、2と3をのせて蒸す。
5 4を器に盛り、アツアツの玉味噌菊花あんをかける。

梨釜の土佐酢ジュレ和え

カラー153頁

◤材料
ナシ…1個
車エビ…1尾
ホタテ貝…2個
ぎんなん…2粒
クコの実…3粒
菊花…1輪
絹さや…2枚
◎土佐酢ジュレ

◤作り方
1 ナシの天をカットし、中をくり抜いて釜をつくる。実はさいの目にカットする。
2 車エビは竹串に刺してボイルする。
3 ホタテ貝は炙って、焼目をつける。
4 ぎんなん、菊花、絹さやを茹でて、吸地八方だしにつける。クコの実は戻して、甘酢につける。
5 車エビ、ホタテ貝は適当な大きさにカットし、1のナシの実、4とともに土佐酢ジュレで和え、1の梨釜に盛りつける。

海鮮盛り パプリカソース添え

カラー154頁

◤材料
エビ…1尾
アワビ…30g

アカ貝…5g
ホタテ貝…10g
しろな…適量
ラデッシュ…適量
菊花…適量
紫芽…適量
クコの実…1粒
◎パプリカソース

◥作り方

1 アワビを酒、水、大根を入れて湯がく。
2 1を冷水に落とし、冷めたら煮汁(だし100mℓ、薄口醤油10mℓ、みりん10mℓ)に入れて炊く。
3 アカ貝は下処理をして、鹿の子包丁を入れる。
4 ホタテ貝は下処理をし、酒と塩を合わせて茹でる。
5 エビは下処理をし、酒と塩と水を合わせた鍋で茹でる。
6 しろな、菊花を茹でる。
7 ラディッシュは薄く輪切りにする。
8 クコの実は水で戻しておく。
9 2～8を器に盛り、パプリカソースを別添える。

サーモンの焼き霜親子のせ オニオンソース

カラー155頁

◥材料

サーモン(上身)…100g
イクラ…15g
しめじ…5g
パプリカ…5g
スダチ…1/4個
巻き白菜…1/4個
塩…15g
砂糖…5g
◎オニオンソース

◥作り方

1 サーモンは塩・砂糖を振りかけ、20分ぐらいおく。水洗いして、水気を取り、バーナーで焼目をつける。
2 しめじは茹でて吸地八方だしにつける。パプリカ茹でて甘酢につける。
3 1のサーモンはカットして器に盛りつけ、イクラ、2を盛りつけ、スダチを添える。

カンパチ炙り ポン酢がけ

カラー155頁

◥材料

カンパチ(上身)…200g
菊花…1輪
大根(けん)…適量
人参…適量
パプリカ…適量
いちじく…適量
ドライぎんなん…4粒
スダチ…1/4個
◎ポン酢

◥作り方

1 カンパチは器に円形に盛り、バーナーで軽く焼目をつける。
2 1の上に大根のけん、菊花、パプリカ、いちじく、ドライぎんなんを盛りつけ、ポン酢をかける。

ポン酢
〈材料／割合〉
柑橘酢…2.5カップ
薄口醤油…2カップ
たまり醤油…0.5カップ
酒…0.5カップ
みりん…1カップ
昆布…15g
カツオ節…20g
＊材料を大きめの容器に合わせ、昆布と削りカツオを加えて5～6日漬け込み、布ごしする。

サーモン西京焼 じゃがいもソースがけ

カラー156頁

◥材料

サーモン…35g(1切れ)
じゃが芋(ノーザンルビー)…1/2個
いんげん…1本
しめじ…少量
茄子…少量
オクラ…少量
パプリカ(赤・黄)…少量
◎じゃがいもソース
◎味噌床

◥作り方

1 サーモンを1切れ35gに切り、味噌床に三日漬ける。これを焼く。
2 じゃが芋(ノーザンルビー)は横半分に切り、底をを平らなるように切る。内側を少し削り、船型にする。これを蒸して、吸地八方だしにつける。
3 赤・黄のパプリカは、それぞれ紅葉型、星型に抜き、茹でて吸地八方だしにつける。
4 しめじは小房に分けて茹で、吸地八方だしにつける。
5 なすは小さめの乱切りにし、油で揚げる。熱湯をかけ、油抜きして吸地八方だしにつける。
6 オクラはそうじをして茹で、氷水にとって急冷する。それを吸地八方だしにつける。
7 いんげんはヘタを取り、茹でる。氷水にとって冷やし、吸地八方だしにつける。これを縦に包丁を入れ、松葉に見立てる。

8 1から7を器に盛りつけ、じゃがいもソースをかける。

味噌床

〈材料／割合〉

白味噌（粒）…10

みりん…1

酒…1

焼き松茸 のし海老添え みぞれポン酢

カラー157頁

材料

松茸…1/2本

エビ…1尾

しめじ…適量

菊花…1輪

きゅうり…適量

スダチ…1/2個

◎みぞれポン酢

作り方

1 松茸はぬれ布巾で軽く拭いて、縦に割り、塩を振って焼く。

2 エビは竹串を刺してボイルする。

3 菊花は茹でてから甘酢につける。

4 きゅうりは蛇腹にする。

5 しめじは茹でて、吸地八方だしにつける。

6 1〜5を盛りつけ、みぞれポン酢をかける。

鴨の炙り焼き 粒マスタードソース

カラー158頁

材料

鴨肉（ロース）…300g

大根（けん）…5g

ルッコラ…1枚

菊花…1/2輪

ぎんなん…2粒

レモン…1/6個

◎粒マスタードソース

作り方

1 鴨ロース肉はフライパンで焼いてローストする。

2 大根のけんと菊花は水にさらす。

3 1を適当な厚さに切って器に盛り、ぎんなんを薄めにカットして上にのせる。2も器にもり、最後にルッコラとレモンを添える。

粒マスタードソース

〈材料／分量〉

粒マスタード…大さじ2

白ワインビネガー…大さじ4

サラダ油…100㎖

塩・胡椒…適量

＊サラダ油以外の材料を混ぜ合わせ、最後に少しずつサラダ油加えながら混ぜる。

サーロインステーキ 木の芽ソースがけ

カラー159頁

材料

牛肉（サーロイン）…50g

しめじ…少量

シャドウクイーン（紫じゃが芋）…少量

オクラ…1/4本

ブロッコリー…少量

いんげん…少量

パプリカ（赤・黄）…1/4個

塩・胡椒…適量

◎吸地八方だし…1カップ

◎木の芽ソース…適量

作り方

1 牛肉は塩・胡椒を振り、フライパンで焼いて適度な大きさに切る。

2 しめじは小房に分けて茹でて、吸地八方だしにつける。

3 オクラはそうじし、塩をして板ずりし、熱湯で色よく茹でる。氷水にとって冷やし、吸地八方だしにつける。

4 シャドウクイーンは小さめの乱切りにして蒸し、吸地八方だしにつける。

5 いんげんはヘタを落として茹で、氷水にとって冷やし、吸地八方だしにつける。

6 ブロッコリーは小さめに切って茹で、氷水にとって冷やし、吸地八方だしにつける。

7 赤・黄パプリカはそれぞれ、紅葉型、星型で抜き、茹でて氷水で冷やし、吸地八方だしにつける。

8 1から7を器に盛りつけ、木の芽ソースをかける

木の芽味噌ソース

〈材料／分量〉

木の芽味噌…50g

煮切り酒…適量

＊木の芽味噌を煮切り酒でのばす。

吸地八方だし

〈材料／分量〉

だし…4カップ

塩…小さじ0.8

酒…小さじ1

薄口醤油…小さじ0.5

ノドグロの塩焼き 木の芽ソース

カラー159頁

材料

ノドグロ(おろし身)…60g
ウニ…5g
茄子…1/8本
れんこん…10g
いんげん…1/2本
梅肉…少々
エディブルフラワー…3輪
◎木の芽ソース

作り方

1 ノドグロに薄口醤油を振り、30分置く。
2 れんこん、いんげんを下茹でする。
3 茄子は素揚げする。
4 1のノドグロを水気を拭き、つま折にして焼く。
5 器に2と3を盛り、4を3にのせて天にウニを盛り、最後に揚げた茄子の皮を飾る。
6 梅肉と木の芽ソースで模様を描き、エディブルフラワーを飾る。

木の芽ソース

〈材料／分量〉
玉味噌…50g
木の芽…20枚
青寄せ…小さじ1
煮切り酒…適量
＊木の芽をすり鉢で摺り、玉味噌と青寄せを加えて摺り混ぜる。

南瓜釜蒸し フレンチソース添え

カラー160頁

材料

南瓜…1個
アワビ…20g
そばの実…5g
青菜…5g
人参(紅葉)…1枚
スダチ…1個
◎蒸し地
◎フレンチソース

作り方

1 南瓜の上を切り、種を取り除き、釜をつくって蒸す。
2 アワビは鍋に酒、水、大根を入れて茹でる。
3 そばの実は洗い、水を入れた鍋で茹でてもどす。
4 青菜は茹でる。
5 人参は皮をむき、紅葉の型で抜いて茹でる。
6 すだちは半分に切り、飾り切りする。
7 1の南瓜釜に蒸し地を入れて蒸す。
8 2~7を器に盛りつけ、フレンチソースを添える。

蒸し地

〈材料／分量〉
だし…70ml
卵…20ml
薄口醤油…少々
塩…少々

鶏の豆腐けんちん蒸し 梅肉ドレッシング

カラー161頁

材料

◎豆腐けんちん
(・鶏もも肉1枚・もめん豆腐1丁・長芋200g・卵1個・塩・胡椒適量・みりん適量)
ベビーリーフ…1/2パック
玉ねぎ…1/4個
パプリカ…1/4個
ラディッシュ…1/2個
人参…適量
◎梅肉ドレッシング

作り方

1 鶏肉は皮をはずし、肉の内側に包丁を細かく入れておく。塩・胡椒を振って馴染ませる。包丁を入れた方に打ち粉をし、豆腐けんちん地を巻き込む。ラップで包み、約30分蒸す。粗熱を取ったら、冷蔵庫で冷やす。これを適当な大きさに切る。
2 パプリカ、人参は紅葉型で抜いて、茹でる。
3 玉ねぎ、ラディッシュはそれぞれスライスする。
4 ベビーリーフは水洗いして水気を切る。
5 1~4を器に盛りつけ、梅肉ドレッシングを添える。
＊豆腐けんちん地の作り方
だし12・酒1・みりん1・塩少々・薄口醤油少々に下茹での野菜と豆腐をすり鉢にいれてつぶす。

茄子と甘唐辛子の海老しんじょ射込み トマトあんかけ

カラー162頁

材料

茄子…1個
万願寺唐辛子…1本
南瓜…50g
ひら茸…1/2パック
クレソン…適量

◎海老しんじょ
（・エビ6・白身魚4・卵白0.5・大和芋2・塩適量・みりん適量・生姜汁少量）
◎トマトあん

作り方

1 茄子は縦半分に切り、内側をくり抜き、打ち粉をする。海老しんじょを挟むようにして両方のなすを合わせ、170℃の油で揚げる。
2 万願寺唐辛子は縦半分に切り、種を取り除き、内側に打ち粉をする。海老しんじょを挟むようにして両方の万願寺唐辛子を合わせ、170℃の油で揚げる。
3 南瓜は皮を剥いて、種を取り、小さめの乱切りにして蒸す。
4 ひら茸は小房に分けて油で揚げた後、湯をかけ油抜きする。
5 クレソンはそうじをし、適当な長さに切る。
6 すべてを器に盛りつけ、トマトあんをかける。

＊海老しんじょうの作り方
エビは殻を剥き、背ワタを取り、たたいて細かくする。白身魚のすり身、卵、調味料と合わせてすり潰す。

トマトあん
〈材料／割合〉
だし…11
トマトピューレ…1
薄口醤油…1
みりん…1
にんにく（すりおろし）…少量
トマトケチャップ…少量
くず粉…適量

鹿肉のジビエシチュー ウコンソース添え

カラー163頁

材料

鹿肉（もも肉）…500g
れんこん…180g（1節）
じゃがいも…300g（2個）
玉ねぎ…150g（1/2個）
人参…100g（1/2本）
絹さや…50g
クレソン…1/2束
◎鍋地
◎ウコンソース

作り方

1 鹿肉は下処理して食べやすい大きさに切り、フライパンで焼き目をつける。
2 れんこんは皮をむき、薄す目にスライスする。
3 じゃがいもは皮をむき、小さく乱切りにする。
4 玉ねぎは皮をむき、くし切りにする。
5 人参は皮をむき、小さく乱切りにする。
6 2～3の野菜をボイルする。
7 鍋に鍋地をはって材料を入れ、20～30分弱火でコトコト炊く。最後にボイルした絹さやとクレソンを飾る。
8 付け合わせのウコンソースを添えて、提供する。

鍋地
〈材料／分量〉
だし…300㎖
トマトピューレ…大さじ2
ケチャップ…大さじ2
ウスターソース…小さじ2
デミグラスソース…300㎖
鶏ガラスープの顆粒…小さじ2

ウコンソース
〈材料／分量〉
フレンチドレッシング…1/2カップ
ウコンパウダー…大さじ2
＊ウコンパウダーを湯に溶かし、フレンチドレッシングと混ぜ合わせる。

鹿鍋　赤味噌ソース

カラー164頁

材料

鹿肉（ひれ肉）…100g
松茸…1本
やなぎ茸…5g
ひら茸…5g
かきのき茸…5g
白菜…10g
ささがきごぼう…5g
◎鍋地
◎赤味噌ソース

作り方

1 鹿肉は下処理し、薄くへぎ切りにする。
2 松茸はそうじをし、4等分に切る。
3 やなぎ茸、ひら茸、かきのき茸は石づきを落とす。
4 白菜は食べやすい大きさに切る。
5 1から4を器に盛る。
6 鍋地を鍋に入れ、セットする。
7 赤味噌ソースを別添えして、提供する。

鍋地
〈材料／割合〉
だし…20
薄口醤油…1
みりん…1
酒…1

赤味噌ソース
〈材料／分量〉
赤味噌…50g
酒…10㎖
濃口醤油…5㎖
だし…15㎖

合わせ調味料の配合便利帳

ここでは、カラーページで紹介した合わせ調味料の配合をを一覧にまとめた。だしや調味料は割合、またはつくりやすい分量で表記している。

●サワラの煮つけ(煮汁)

だし	4
酒	2
みりん	1
濃口醤油	1
たまり醤油	0.2
砂糖	0.3

※だし4:酒2:みりん1:醤油1の割合が煮つけの味つけの基本。魚介の種類や鮮度によって、だしや調味料の割合を加減する。

●鯛の子の含め煮(煮汁)

だし	10
酒	2
みりん	0.8
薄口醤油	0.8
砂糖	1
塩	少量

※だし8、みりん1、醤油1で合わせた八方だしに砂糖を加えて甘めに調える。鯛の子やタコの煮物に向く。

●酒八方だし

だし	4
酒	4
みりん	1
塩	少量
薄口または濃口醤油	少量

※酒をたっぷり加える八方だしで、海老の芝煮などさっぱりと煮上げる魚介の煮物に向く。

●薄口八方だし

だし	8
薄口醤油	1
みりん	0.8
酒	0.2
塩	少量

※素材の色を生かす魚介や野菜の煮物、鍋物、めんつゆ、炊き込みご飯と、だしの割合を変えてさまざまな用途に。

●鯛のかぶと煮(煮汁)

酒	3
みりん	1
濃口醤油	0.5
たまり醤油	0.2
砂糖	0.5

※鯛のアラのように濃厚な旨みを持つっ部位では、その旨みを生かすため、だしを使わない合わせ調味料で味濃く煮上げていく。

●吸い地八方だし

だし	8カップ
塩	小さじ2
酒	40cc
薄口醤油	大さじ1

※吸い地程度の味に調えた八方だしで、野菜のおひたしなどのひたし地に使う。

●濃口八方だし

だし	8
濃口醤油	1
みりん	0.8
酒	0.2
塩	少量

※薄口八方と同標に、さまざまな用途に使える八方だし。色濃く煮上げた方がおいしく見える煮物には濃口を使う。

●鮎の有馬煮(煮汁)

水	10カップ
酢	適量
酒、みりん	各1/2カップ
たまり醤油	大さじ1
砂糖	大さじ4
実山椒	適量

※甘露煮のように骨までやわらかくするには、酢が有効。川魚のクセをなくす役割もする。有馬煮は山椒を使って炊く煮物のこと。

●鯛の煮つけ(煮汁)

酒	4
水	2
みりん	1
濃口醤油	1
砂糖	0.1

※活のものや鮮度のよいものは、だしを使わずに酒と水で少し濃いめの煮地に仕立ててさっと煮る。

●白八方だし

だし	8
みりん	0.8
酒	0.2
塩	小さじ2

※素材に色をつけずに仕上げる、小芋や蓮根など野菜の白煮に向く。

● 天つゆ

だし……6
みりん……1
濃口醤油……1
砂糖……0.2
酒……2

※天つゆの配合は油で揚げてから煮る茄子の料理など、やや濃いめのしっかりとした味の煮ものにも利用できる。

● 人参の八方煮（煮汁）

だし……16
みりん……1
薄口醤油……0.8
塩……少量

※人参や大根は皮をむき、特有の臭みを抜くため、牛乳、または米のとぎ汁で下茹でしてから含め煮にする。

● サバの味噌煮（煮汁）

だし……5カップ
酒……約130mℓ
味噌……50g
砂糖……適量
濃口醤油……大さじ1/2
みりん……大さじ1/2

※だしと酒、味噌で煮てから他の調味料を加え、最後にみりんを加えるとつややかに。味噌は2～3種類合わせると風味が高まる。

● 新生姜の有馬煮（煮汁）

酒……2カップ
醤油……1/4カップ
たまり醤油……大さじ1/2
砂糖……50g

※生姜のように、個性的な味わいを持つ素材は、だしや水を使わず、調味料の味をしっかりと含ませるとよい。

● 干し椎茸の含め煮（煮汁）

だし……10
酒……1
みりん……1
濃口醤油……1

※干し椎茸のように、濃い色に煮上げた方がよい煮物には濃口醤油を使う。干し椎茸はひと晩水に漬けて戻しておく。

● 筍の八方煮（煮汁）

だし……12
酒……1
みりん……0.5
薄口醤油……0.5
塩……少量

※筍は米ぬかと赤唐辛子を加えて茹で、そのまま湯止めにしてアクを抜く。これをたっぷりの煮地で煮る。

● 鼈甲（べっこう）あん

だし……10～12
みりん……0.8
濃口醤油……1
水溶き葛粉……少量

※濃口醤油を使って鼈甲（べっこう）色に仕上げるあん。水溶きにした葛を少量ずつ加えて火を通し、なめらかにつくる。生姜やわさびを加えて風味づけしてもよい。

● 生麩の含め煮（煮汁）

だし……8カップ
酒……40mℓ
みりん……160mℓ
塩……小さじ2

※紅葉や竹を写し取った細工麩では、その色を生かすよう白八方だしを用いてさっと煮るとよい。

● 茄子のひすい煮（煮汁）

だし……1カップ
みりん……小さじ1
薄口醤油・塩 … 各小さじ1/2

※ミョウバンを入れた塩水に30分ほど漬け、この漬け汁にわさびを加えて茄子を茹で、水にさらしてからひたし地に漬ける。こうすると茄子の色が美しく仕上がる。

● 銀あん

だし……12
酒……2
みりん……1
薄口醤油……1
塩……少量
水溶き葛粉……大さじ1

※薄口八方だしにとろみをつけて銀あんに。だしの割合を10にして酒を加えず、やや濃いめにしてもよい。茶碗蒸しのあんにも最適。

● 高野豆腐の含め煮（煮汁）

だし……5カップ
酒……1/2カップ
薄口醤油……30mℓ
砂糖……35g
塩……小さじ1

※高野豆腐は湯に漬けて戻し、何度も洗ってにごりが出ないようにし、たっぷりの煮汁で含め煮にする。

● くわいの甘煮（煮汁）

だし……1カップ
砂糖……大さじ3
塩……小さじ1/3
濃口醤油……小さじ1/2
みりん……大さじ1

※下茹でしてアクを抜いてから、ゆっくりと含め煮にする。百合根なども同様に煮る。

●鶏スープ鍋の地

鶏スープ……1カップ
水……12カップ
オイスターソース……小さじ1
酒……1/2カップ
塩……少量

※鶏スープにオイスターソースを隠し味程度に加えた鍋地。具にもエリンギやパプリカなどを取り合わせると新鮮みのある鍋物になる。

●寄せ鍋の地

だし……5
酒……3
みりん……1
薄口醤油……0.8
濃口醤油……0.2
塩……少量

※材料から出てくる"だし"の味を考慮して地を仕立てる。

●魚介のみぞれ地

だし……1カップ
みりん……大さじ1
酒……大さじ1
薄口醤油……大さじ1/2
おろし大根……大さじ2

※煮おろしは甘鯛やサワラなど淡白な魚介に向く手法。煮汁は薄味に調え、おろし大根の辛味を生かしてさっぱりと仕立てる。

●すき焼きの割り下

だし……4
砂糖……0.5
酒……1
みりん……0.5
濃口醤油……1

※だしを煮立てたところに砂糖、酒、みりん、濃口醤油を加えてひと煮立ちさせる。だしを加えることで煮つまりにくく、扱いやすい割り下になる。

●みぞれ鍋の地

だし……12
酒……4
みりん……0.5
薄口醤油……1
塩……少量
おろし大根……適量

※おろし大根の風味や辛みを生かし、大根を加えてからは煮すぎないよう、温める程度にする。

●みぞれ地

濃口八方だし……2カップ
水溶き葛粉……大さじ1
おろし大根……大さじ2

※だし14に対し、酒と濃口が1、みりん0.8で合わせた濃口八方だしにおろし大根と葛でとろみをつける。野菜の素揚げや薄味の煮物のあんにする。

●土手鍋の地

だし……10
酒……2
みりん……2
薄口醤油……0.5
赤味噌・白味噌……各適量

※これを鍋の地にし、鍋の縁にぬる味噌は別に用意する。裏漉ししてなめらかにしておき、適宜溶かしながら味を調節して食べてもらうようにする。

●吟酸鍋の地

だし……2カップ
酒……1/4カップ
みりん……大さじ1
薄口醤油……大さじ1
粒味噌……20g
酒粕……40g

※粒味噌と酒粕を加えた風味のよい鍋地。サケのほかにあん肝など濃厚な材料にもよく合う。

●煮こごり地

濃口八方だし……1/2カップ
ゼラチン……5g

※煮こごりは魚を煮た汁に含まれるにかわ質によってできるもの。これは濃口八方だしにゼラチンを加えて"煮こごり風"に仕立てるときの地。

●うどんすきの地

煮干しと昆布、カツオの合わせだし……10
鶏スープ……4
酒……1
みりん……1
塩・砂糖……各少量

※煮干しだしや鶏スープを合わせて、しっかりとした味をつくると、コシの強いうどんにもよく合う。

●おでんの地

鶏スープ……20
酒……1
みりん……1
薄口醤油……0.7
塩……少量

※だしは昆布とカツオの一番だしでもおいしくできる。地が煮つまってきたら鶏スープやだしを足して補う。

●蒸し地

水……500cc
昆布……10g
酒……100mℓ
塩……小さじ1/2

※魚介の蒸し物に使う蒸し地。昆布はひと晩水に漬けておき、煮立つ直前に取り出し、煮きり酒と塩で調味する。

味噌床

白味噌(粒) …… 10
みりん …… 1
酒 …… 1

※魚介類、肉の両方に使える味噌を使った漬け床。味噌は信州味噌や仙台味噌に変えてもよい。肉の味噌漬け床には、生姜のせん切りを加えると肉の臭みがとれる。

くわ焼きのタレ

醤油 …… 0.7
たまり醤油 …… 0.3
酒 …… 3
みりん …… 1
砂糖 …… 0.5

※照り焼きのタレのバリエーションで、肉や野菜を鉄板やフライパンで照り焼きにする時に使う。

祐庵地

酒 …… 1
みりん …… 1
濃口醤油 …… 1

※酒、みりん、醤油を同割で合わせた漬け地。ここに柚子を加えて風味を高めることが多い。懐石料理魚の焼き物によく用いられる漬け地のひとつで、冷めても身がかたくならない。

粕床

酒粕 …… 4
白味噌 …… 6
みりん …… 2

※酒粕と味噌を合わせた漬け床。酒粕は酒を適量加えてやわらかくのばしてから、残りの材料と混ぜ合わせる。粕床の風味が乏しくなったら、新たに味噌を足して風味を補えば、2、3回繰り返し使うことができる。銀ムツやサケに。

焼き鶏のタレ

濃口醤油 …… 3
たまり醤油 …… 1
酒 …… 5
ざらめ砂糖 …… 1

※食べ飽きない甘辛味が魅力のタレ。材料を弱火にかけ、ゆっくりと2割程煮詰めてつくる。ざらめ砂糖を使っているので、深みのある味わいに仕上がる。

若狭地

だし …… 9
酒 …… 3
みりん …… 1
薄口醤油 …… 0.5

※さっぱりとした味に仕上がる焼きダレで、素材の色合いを生かすことができる。アイナメ、甘ダイやサワラ、銀ムツなど、比較的淡泊な味わいの魚に向く。

二杯酢

酢 …… 1
薄口醤油 …… 1
だし …… 1

※すっきりとした味わいの合わせ酢。繊細な味わいの素材に使うと味が引き立つ。調味料は同割で合わせるのが基本だが、料理に応じてそれぞれ加減する。

ウニ衣

ウニ …… 20g
卵黄 …… 1個分
煮きり酒 …… 大さじ1

※ウニと卵黄を混ぜ合わせた、濃厚な味わいの焼きダレ。ウニに玉味噌、濃口醤油、みりんを加えてつくってもよい。練りウニを使う場合、大根の切れ端を入れておくと、特有のえぐみやアクがやわらぐ。

照り焼きのタレ

濃口醤油 …… 0.8
たまり醤油 …… 0.2
酒 …… 1
みりん …… 1
砂糖 …… 0.5

※照り焼きの基本のタレ。材料を煮詰めてつくる。魚にも肉にも使うことができる便利なもの。料理に応じて、調味料の配合や種類を変える。

三杯酢

酢 …… 1
薄口醤油 …… 1
みりん …… 0.3
砂糖 …… 0.2
塩 …… 少々

※最も基本的な合わせ酢。三杯酢にさまざまな調味料や香りのものをプラスすることで、多彩な味わいをつくることができる。

黄身衣

卵黄 …… 2個分
みりん …… 小さじ2
塩 …… 小さじて1/3

※卵黄にみりんを加えてなめらかにのばし、塩で味を調える。銀ムツなどに使う場合は、卵黄に玉味噌を加え、濃厚な味わいにするとバランスがよい。

蒲焼きのタレ

みりん …… 6
酒 …… 1
濃口醤油 …… 0.3
たまり醤油 …… 1
ウナギの頭、中骨 …… 適量

※照り焼きのタレの一種。このタレを使ったものとしてはウナギの蒲焼きが代表的。調味料に香ばしく焼いたウナギの頭と中骨を一緒に加えて煮詰める。

●ピリ辛味噌

玉味噌……100g
豆板醤……小さじ3

※玉味噌に好みの量の豆板醤を加え混ぜてアクセントに。ピリリとした辛みが食をすすめる。ピリ辛味噌にだしを適宜加えてのばし、ソース風に仕立てるとまた違った趣きになる。

●黄身酢

土佐酢……50mℓ
卵黄……4個分

※まろやかな卵黄のコクと色合いが魅力。白身魚や海老、カニといった淡泊な味わいの素材と好相性。土佐酢と卵黄は低温の湯せんにかけ、泡立て器でかき混ぜる。ウニや溶き辛子を加えて、さらにコクや風味を高めることもできる。

●土佐酢

酢……1
薄口醤油……1/4
みりん……1/4
だし……1
カツオ節……適量

※三杯酢にカツオの風味を加えたもので、魚介類と相性がよい。調味料を火にかけ、煮立ったら追いガツオをしてから漉す。

●木の芽味噌

味噌……50g
木の芽……20枚
青寄せ……小さじ1/2

※青々とした色合いと木の芽の香りが、春を感じさせる合わせ味噌。和え物はもちろん、田楽味噌にしても美味。

●ともわた酢

アワビのわた……1個分
土佐酢……大さじ1

※わた(肝)特有のおいしさを生かした合わせ酢。ここではアワビを使ったものを紹介。アワビのわたをなめらかに裏漉しし、土佐酢を加え混ぜる。カワハギやオコゼなどを使っても同様にできる。

●南蛮酢

酢……1
だし……3
薄口醤油、みりん……0.5
砂糖……0.1
塩……少量
赤唐辛子……少々

※ピリ辛の甘酢。南蛮漬けに代表されるように油と相性がよい。赤唐辛子の代わりに豆板醤を使ってもよい。

●柚子・味噌

玉味噌……100g
柚子皮(裏漉したもの)
……小さじ1

※柚子皮を蒸して裏漉しにかけたものを玉味噌に混ぜ、柚子の香味を加える。また、すぐに使う場合、玉味噌に柚子皮をおろしたものを加え混ぜてもよい。

●玉味噌

白味噌……200g
卵黄……5個分
みりん……50mℓ
酒……50mℓ
砂糖……75g

※合わせ味噌のベースとなるもの。材料を合わせて弱火にかけ、木杓子にくっつく程度までゆっくりと練り上げる。日持ちするので作り置きしておくと重宝。

●マリネ酢

酢……50mℓ
サラダ油……50mℓ
塩……3g
胡椒……少々

※酢に油を加えただけのシンプルなもので、マリネする時に使う。さらにわさびや生姜で香味を加えてもよい。ドレッシングとしても活用できる。

●赤玉味噌

赤味噌……1kg
卵……20個
砂糖……300g
酒、みりん……1カップ
カツオ節……50g

※赤味噌を主に練り上げた玉味噌で、独特の風味と旨みがある。田楽味噌や鶏味噌に使うとよい。くるみ、ごま、唐辛子、ピーナッツなどを加えてもよい。

●黄身味噌

玉味噌……100g
卵黄……5個分

※まろやかな玉味噌にさらに卵黄を加えて練った、コクのある合わせ味噌。黄味味噌を薄口八方だしでのばし、葛でとろみをつけることもあり、タコの桜煮などに使うと品よく仕上がる。

●ポン酢

柑橘酢……1
濃口醤油……0.8
薄口醤油……0.2
煮きり酒……1
煮きりみりん……0.5
昆布、カツオ節……各適量

※柑橘類(柚子、かぼす、すだち等)の香りが爽やかな合わせ酢。ちり酢ともいう。カツオ節と昆布を一緒に漬けて風味を高める。

●ごま和え衣
煎りごま……100g
練りごま……50g
白味噌……10g
みりん・濃口醤油……大さじ1
砂糖……大さじ3
塩……小さじ1
※煎りごまをよくあたり、練りごま、白味噌を加えて練り合わせ、調味料で味を調える。白味噌を多めにしてもよい。

●白和え衣
豆腐(裏漉したもの)……100g
玉味噌……10g
砂糖……大さじ2
塩……小さじ1/2
みりん……大さじ1
薄口醤油……小さじ1
※豆腐の持ち味を生かしたやさしい味わいの和え衣。用途によって、練りごま、煎りごまを加えてもよい。加える場合は練りごま大さじ1程度が目安。

●鶏味噌
赤玉味噌……100g
鶏挽き肉……50g
生姜……少々
※酒煎りした鶏挽き肉に、赤玉味噌を混ぜ合わせ、生姜で風味づけする。赤玉味噌は温めてから挽き肉に加えると、なじみやすい。素揚げした茄子や風呂炊き大根にのせると美味。

●ごま酢
酢……50mℓ
練りごま……100g
砂糖……60g
みりん……30mℓ
薄口醤油……15mℓ
塩……10g
※ごまの風味が利いた合わせ酢。利休酢とも呼ぶ。野菜類と相性がよく、和え衣として使う他、サラダにかけてもよく合う。

●ごまクリーム
豆腐……100g
玉味噌……20g
練りごま……大さじ3
みりん・砂糖……各大さじ1
薄口醤油……小さじ1
塩……少量
生クリーム……大さじ1
※白和え衣に練りごまと生クリームを加えたもの。白和えより濃厚でクリーミィな味に仕上がる。

●酢味噌
玉味噌……100g
酢……大さじ3
薄口醤油……少々
※玉味噌に酢を少しずつ加えてのばし、薄口醤油で味を調える。わけぎやうどなどの野菜、赤貝やアオヤギなどの貝類、青背の魚に取り合わせるとよい。

●酢油
土佐酢……1
オリーブ油……1
わさび……少量
※土佐酢にオリーブ油を加え混ぜたもの。とろりとするまで混ぜるのがコツ。最後にわさびで風味を添える。わさびの代わりに、みょうが、しそ、たでなどを加えてもよい。魚介類を使ったサラダや酢の物と好相性。

●白酢和え衣
白和え衣……50g
酢……30mℓ
※豆腐に調味料を加えて味を調えた白和え衣に、酢を加えたもの。酢の量は料理や食材によって適宜加減する。

●辛子酢味噌
玉味噌……100g
酢……大さじ3
練り辛子……小さじ2
※酢味噌に練り辛子で辛みをプラスしたもの。玉味噌に少しずつ酢を加えてのばし、辛子を加え混ぜる。エビやささ身など、あっさりとした味わいの素材に合う。

●すし酢
酢……1カップ
砂糖……150g
塩……45g
爪昆布……5cm角
※すし飯用の合わせ酢。甘酢に爪昆布で旨味をプラスしたもの。材料を鍋に合わせ、ひと煮立ちさせたものを冷まして使う(上記分量で米一升分)。

●ごま白酢
白和え衣……50g
練りごま……大さじ1
酢……大さじ2
※甘みを控えた白和え衣に酢を加え、さらにごまの風味とコクをプラスして味わいを深める。淡泊な味わいの魚介類や野菜と合わせるとよい。

●黄身酢味噌
玉味噌……適量
酢、薄口醤油……1
みりん……0.3
塩……少量
砂糖……0.1
だし……2
※卵黄がたっぷり入った玉味噌に酢を加えたもの。玉味噌以外の調味料とだしを混ぜ合わせ酢を作り、玉味噌に加えまぜる。

■著者紹介

大田(おおた)　忠道(ただみち)

1945年兵庫県生まれ。「百万一心味　天地の会」会長。兵庫県日本調理技能士会会長、神戸マイスター、2004年春「黄綬褒章」受賞。2012年春「瑞宝単光章」受賞。中の坊瑞苑料理長を経て独立。現在、兵庫県有馬温泉で『奥の細道』『四季の彩』を開設。全国の旅館、ホテル、割烹等に多くの調理長を輩出。テレビ、雑誌でも活躍する一方、兵庫栄養製菓専門学校、ベターホーム協会などで調理を教える。著書に「新・刺身料理の調理と演出」「和食の人気揚げ物料理」「小鉢の料理大全」「人気の弁当料理大全」「人気の前菜・先付け大全」「進化する刺身料理」「日本料理を展開する」（以上、旭屋出版刊）など多数。

本書は旭屋出版MOOK「だし・合わせ調味料便利帳」（平成14年刊）を大幅に改訂、新たに章を加え、取材撮影を行ない、再編集して改題、書籍化したものです。

■撮影／吉田和行　後藤弘行
■デザイン／佐藤暢美

日本料理の〈現代〉味づくり教本

—だし・タレ・合わせ調味料の技術を修得する—

発行日　令和2年3月2日　初版発行

著　者　大田(おおた)　忠道(ただみち)　百万一心味　天地の会・著

発行者　早嶋　茂
制作者　永瀬正人
発行所　株式会社 旭屋出版
〒160-0005
東京都新宿区愛住町23-2 ベルックス新宿ビルⅡ6F
TEL：03-5369-6423（販売）
03-5369-6424（編集）
FAX：03-5369-6431

旭屋出版ホームページ　http://www.asahiya-jp.com
郵便振替　00150-1-19572

印刷・製本　大日本印刷株式会社

ISBN978-4-7511-1407-0　C2077